왜
알렉산드로스는
동방 원정을
떠났을까?

교과서 속 역사 이야기, 법정에 서다

09
역사공화국
세계사법정

왜 알렉산드로스는 동방 원정을 떠났을까?

데모스테네스 vs 알렉산드로스

글 최재호 · 그림 이일선

|주|자음과모음

　　최재호 선생님이 또 우리에게 좋은 책 한 권을 선물했습니다. 10년 전 『세계사 수업 시간 그대로』, 5년 전 『살아 있는 세계사 교과서 1, 2』(공저)에 이어, 이번에는 역사공화국 세계사법정 9권 『왜 알렉산드로스는 동방 원정을 떠났을까?』라는 책을 내놓았습니다. 지금까지 저자가 쓴 여러 책이나 기고에는 역사를 연구하는 학자에만 머물지 않고, 현장에서 학생들과 생생한 역사 이야기로 소통하려는 따뜻한 배려의 시선이 묻어납니다. 덧붙여 이번에 출판된 책은 재판정에서 오고 가는 촘촘한 논리를 따라가는 재미도 쏠쏠합니다. 우선 저자에게 고마움과 축하의 마음을 전합니다.

　　얼마 전 저자를 만났을 때, 이런저런 이야기를 나누던 중 갑자기 허허 하고 웃으면서 이렇게 말하더군요.

"학이시습지(學而時習之)면 불역열호(不亦說乎)라. 배우고 때로 익히면 또한 기쁘지 아니한가? 책을 사 보고 싶은 마음만큼 책을 살 수 있으면 부자겠지? 그렇다면, 난 부자야. 나는 행복한 사람이야."

이 말을 듣고 보니 앞으로도 저자의 지적 탐구에 대한 고질병이 고쳐질 것 같지는 않습니다. 저자는 즐기움의 병통을 이어 갈 것이고 우리는 덩달아 더 행복해질 것 같습니다.

책은 데모스테네스가 알렉산드로스를 고소하는 형식을 빌려 '왜 알렉산드로스는 동방 원정을 떠났을까?'라는 물음에 균형 잡힌 답을 내놓기 위해 노력합니다. 역사 속 패자 데모스테네스는 알렉산드로스의 동방 원정이 영웅적으로만 평가되어서는 안 된다고 딴죽을 겁니다. 아니, 오히려 알렉산드로스의 동방 원정이 아테네의 자유와 민주 정치를 몰락시킨 근본 원인이라고 고발합니다. 하지만 역사는 알렉산드로스를 동서 문화를 융합하고, 보편적 세계 시민주의라는 새로운 패러다임을 창조한 헬레니즘 제국의 위대한 영웅으로 기록합니다.

승자의 목소리에 익숙한 관념을 한번 뒤집어 보고, 패자의 외로운 외침에 진지하게 귀 기울여 보는 일은 꼭 과거의 역사를 배울 때뿐만 아니라 현재를 살아가는 지금 이 순간에도 매우 유효합니다. 동시에 승자라는 이유만으로 시기의 대상이 되거나, 근거 없이 매도당해서도 안 되겠지요.

책을 읽다 보면, 시공을 초월하여 그리스의 여러 도시국가들과 페르시아, 헬레니즘 제국을 여행하는 여행자가 되기도 하고, 원고 데모스테네스의 변호인이 되어 알렉산드로스를 공격하기도 하고, 피고 알렉산드로스의 변호인이 되어 열심히 방어 논리를 쥐어짜고 있는 자신을 발견하기도 할 것입니다.

논쟁은 격렬하기도 하고 때로는 불편하기도 하지만 돌이 부딪쳐서 다듬어지듯 우리는 논쟁을 통해 진실에 좀 더 다가갈 수 있습니다. 이 책은 역사적 흥미에 더해 청소년들의 논술 공부에도 매우 유익한 길잡이가 될 것입니다. 독서 토론 모임에서 활용해도 좋을 것 같습니다. 신선하게 기획된 이러한 책들이 좀 더 폭넓은 독자층을 확보함으로써 앞으로 우리 사회가 하버마스의 말처럼 의사소통의 합리성이 자본과 행정 권력의 힘을 오히려 넘어서는 사회로 한 단계 도약했으면 하는 욕심도 가져 봅니다.

다시 한 번 더 이 책의 발간을 진심으로 축하합니다.

브니엘여자고등학교 교사
이종진

왜 알렉산드로스는 동방 원정을 떠났을까?

알렉산드로스는 약관(20세)의 나이에 즉위하여 그리스 세계를 평정했다. 그는 당시로서는 상상할 수 없었던 동방 원정을 감행하여 14년간 당대 최대의 영토를 획득한 걸출한 영웅으로 기억된다. 그는 당시의 세상을 새롭게 편성했을 뿐 아니라, 후대 사람들에게 그들의 세상을 개인적인 관점에서 혹은 세계적인 관점에서 재편하도록 영감을 불러일으킨 인물이기도 하다. 하지만 그는 단지 당대 최대의 정복가로서 기억되기를 거부한다. 정복 전쟁 이후 시행한 동서 융합 정책에서 그의 목표를 짐작할 수 있다. '그리스 인과 마케도니아 인, 페르시아 인을 초월한 세상'. 그래서 그는 합동결혼식을 실시했고, 페르시아 인도 관리로 등용했으며, 그리스 문화를 동방에 심기도 했다.

한편, 데모스테네스는 웅변가의 대명사로 불린다. 더구나 그는 말더듬이에서 명연설가가 된 입지전적인 인물로 손꼽힌다. 데모스테네스는 특히 아테네 민주 정치의 이상을 구현하려고 집요하리만치 애썼다. 당시 그리스를 정복하려는 필리포스의 야심을 알아채고 아테네와 그리스 도시국가의 단결을 추구하려 했으나 이 또한 여의치 않았다. 다른 도시국가뿐 아니라 아테네 내부에서도 반대에 부딪혔다. 달변으로 자신의 주장을 피력한 결과 때로 지지를 받았으나 필리포스 부자의 위세에는 결국 눌릴 수밖에 없었다. 그는 알렉산드로스의 즉위 이후 망명길에 올랐다가 결국 스스로 목숨을 끊었다. 그는 자신의 뜻을 제대로 펼 수 없어서 절망했을 것이다. 게다가 공금을 횡령했다는 혐의로 기소를 받았을 때, 타락할 대로 타락한 아테네의 소피스트들과 자신의 안위만을 생각하는 시민에게 환멸을 느꼈을 법하다. 그렇다면 데모스테네스는 왜 초지일관 반마케도니아 정책을 펼쳤을까? 아버지 필리포스의 뒤를 이어 동방 원정으로 승승장구하던 알렉산드로스를 반대한 이유는 무엇일까?

데모스테네스는 아테네가 그리스 도시국가들의 자유를 지켜 주리라 믿었다. 하지만 그리스 도시국가는 오랫동안 분열되어 있었기 때문에 마케도니아의 위협에 제대로 대처하지 못했다. 또한 데모스테네스는 과거 그리스의 자유를 위협하는 가장 큰 적은 페르시아였으나 지금은 마케도니아임을 역설한다. 그러나 상당수 연설가들은 데모스테네스가 적을 제대로 분별하지 못하고 오히려 고양이에게 생선을 가져다 주는 격으로 마케도니아와의 친선을 주장한다고 그를 고발한다. 마케도니아의 최전성기에는 정면 대결을 피하자고 주장한 적이 있었기 때문이다.

데모스테네스의 주장은 과연 역사적으로 옳았을까? 그는 아테네의 존속만을 중시하는 편협한 민족주의자였을까? 새로운 것에 적응하기를 거부하는 고립된 전통주의자였을까? 대세를 파악하는 힘이 부족한 백면서생이었을까?

데모스테네스는 자신의 주장을 펼치기 위해 딴죽 걸기의 명수인 김딴지를 변호사로 삼는다. 그리고 필리포스와 그의 대를 이은 알렉산드로스에게 허위 사실 유포와 명예 훼손으로 인한 손해 배상을 청구한다. 과연 필리포스, 알렉산드로스 부자의 범그리스 복수전은 정당했을까? 나아가 알렉산드로스는 정복자의 야심으로 동방 원정을 했을까? 재판을 지켜보며 독자 여러분이 판단해 보기 바란다.

최재호

차례

그리스 북부에 위치한 마케도니아의 알렉산
드로스는 기원전 334년에 페르시아 원정에
나섰다. 10년 만에 페르시아를 정복한 알렉
산드로스는 유럽, 아시아, 아프리카에 걸친
대제국을 세웠다. 자신의 이름을 딴 '알렉산
드리아'라는 도시를 세우고 그리스와 페르
시아를 융합시키는 융합 정책을 폈다.

중학교　　　역사

VII. 통일 제국의 등장
　4. 지중해 세계의 형성과 크리스트교의 성립
　　(2) 알렉산드로스 제국 속에 꽃핀 헬레니즘 문화

VII. 통일 제국의 등장
　4. 지중해 세계의 형성과 크리스트교의 성립
　　〈알렉산드로스는 왜 신하들에게 무릎을 꿇고
　　인사하라고 하였나요?〉

대제국을 세운 알렉산드로스는 페르시
아의 풍습을 따르기 시작하였다. 그래
서 왕의 신성한 권위를 인정한 페르시
아의 정치적 특징을 받아들여 신하들에
게 왕 앞에서 무릎을 꿇고 인사하도록
하였다.

마케도니아의 왕위에 오른 알렉산드로스는 그리스를 손에 넣은 다음, 페르시아 제국을 침략했다. 다리우스 3세의 대군을 꺾고 페르시아 제국 전역을 정복하였다. 33세의 나이로 열병에 걸려 알렉산드로스가 사망을 하자, 그의 제국은 마케도니아, 시리아, 이집트 등으로 분열되었다. 이후 이 지역은 로마에 합병되고 말았다.

| 고등학교 | 세계사 | II. 도시 문명의 성립과 지역 문화의 형성
　5. 문명과 제국의 교류와 갈등
　　(2) 알렉산드로스와 헬레니즘 문화 |
| | | II. 도시 문명의 성립과 지역 문화의 형성
　5. 문명과 제국의 교류와 갈등
　　(3) 실크로드를 통한 동서 교류 |

알렉산드로스의 동방 원정은 오리엔트 문명에서 자란 그리스 문화가 다시 오리엔트 문화와 섞이는 계기가 되었다. 이렇게 만들어진 것이 헬레니즘 문화이다. 또한 알렉산드로스의 동방 원정 이후 그리스 상인들이 동방의 물건을 얻고자 인도양으로 진출했고 여러 민족과 문물이 교류되었다.

기원전

700년경 고조선의 등장

450년경 송화강 상류 일대에 부여(扶餘) 성립

400년경 철기 문화 유입

350년경 신평 선암리 유적, 진양 대평리 유적 형성

300년경 철기 문화 시작
연나라의 고조선 침입

200년경 삼한 시대 시작

195년 위만, 고조선에 망명

194년 위만 왕조 성립

109년 한무제, 고조선 침략

108년 고조선 멸망, 한4군 설치

원고 데모스테네스(B.C. 384년~B.C. 322년)

그리스에서 가장 뛰어난 연설가라고 소문이 자자했던 데모스테네스라 하오. 나는 아테네에서 마케도니아의 왕이자 알렉산드로스의 아버지인 필리포스 2세를 고발한 사건으로 유명해졌다오. 목숨을 다할 때까지 그리스를 지키고자 했던 내 삶을 자랑스럽게 생각하오.

원고 측 변호사 김딴지

딴죽 걸기의 명수, 김딴지 변호사입니다. 언제나 역사 속 패자들의 눈으로 진실을 바라보는 패기 넘치는 변호사지요.

원고 측 증인 아이스키네스

소크라테스의 열성적인 제자 중 하나였던 나는 한때 원고 데모스테네스와 친구로 지냈소. 그런데 안타깝게도 우리는 서로 적이 되고 말았죠. 그 사연은 법정에서 밝혀 주겠소.

원고 측 증인 다리우스 3세

위대한 페르시아 제국의 왕, 다리우스요. 나는 후손들에게 왕위를 찬탈한 파렴치범으로 취급받는 것도 모자라, 알렉산드로스에게 패한 것 때문에 역사의 죄인으로 남아 있소. 오늘 내 원한도 풀고 가도록 하겠소.

판사 명판결

역사공화국 세계사법정의 명판사, 명판결이라고 합니다. 이름에 걸맞게 편견이나 선입견 없이, 공정한 판결을 내리려고 늘 노력한답니다.

피고 **알렉산드로스(B.C. 356년~B.C. 323년, 재위 기간**

: B.C. 336년~B.C. 323년)

나는 마케도니아 왕국의 왕, 알렉산드로스라 하
오. 비록 서른세 살의 젊은 나이에 목숨을 다했지
만 유럽과 아시아, 아프리카에 걸친 대제국을 세
웠던 나의 업적은 위대하다고 생각하오. 하하!

피고 측 변호사 **이대로**

나는 역사공화국의 이름난 변호사 이대로입니다.
아무리 딴죽을 걸어도 역사적 진실은 쉽게 변하
는 것이 아니라고 생각하지요.

피고 측 증인 필리포스 2세

나는 마케도니아의 왕이자 알렉산드로스 대왕의 아버지로 내 아들이 집권하기 전, 마케도니아를 강한 나라로 만들었소. 기원전 336년, 페르시아 원정에 나서려다 안타깝게도 왕가의 내분으로 암살되었다오.

피고 측 증인 이소크라테스

나는 데모스테네스 못지않게 유명한 웅변가였소. 나는 기원전 390년경에 변론술 학교도 세워 많은 인재를 배출해 냈소. 사람들은 나를 '인문주의 교육의 아버지'라고 부른다오.

피고 측 증인 아리스토텔레스

고대 그리스의 이름난 철학자, 아리스토텔레스라 하오. 한때 세상을 떠돌며 사람들을 가르쳤는데 오늘 피고로 나온 알렉산드로스도 바로 나의 제자이지요. 오랜만에 제자를 만난다니 설레는구려.

"가만, 어깨에 원숭이를 얹고 다니는
영웅이라면…… 알렉산드로스?"

패자의 마을과 승자의 마을이 어깨를 나란히 하고 있는 역사공화국. 가끔 이곳을 지날 때면 억울하게 패자의 마을로 가게 된 영혼이 승자의 앞길을 막아서고는 실랑이를 벌였다.

"내가 이 길로 다니지 말라고 했잖소! 제발 내 눈에 띄지 마시오."

오늘도 패자의 마을에 사는 어느 영혼이 길을 가던 승자를 가로막고 트집을 부리고 있었다. 그러자 한가롭게 승자의 어깨에 올라타 있던 원숭이가 패자의 바짓부리를 잡고 흔들어 댔다.

"아야 아얏, 이놈의 원숭이는 여기 와서까지 데리고 다니는구먼!"

패자가 바짓부리를 문 원숭이를 차 내려고 하자, 승자는 패자의 어깨를 거칠게 붙잡고 말했다.

"거 참, 이게 웬 행패요? 이 길이 아니면 어느 길로 가라는 말이오? 내가 왜 당신 때문에 먼 길로 돌아가야 하지? 제발 품위를 지키시오."

승자가 구겨진 옷을 탁탁 털고 어깨에 원숭이를 다시 앉히며 말했다. 역사공화국에 사는 영혼 가운데 비교적 어린 축에 속해 보이는 승자가 예순을 넘긴 패자에게 함부로 말하자, 담장을 끼고 이들을 지켜보던 패자들이 아우성을 쳤다.

"어린 영혼이 건방지군!"

"그러게 말이야. 지금 패자라고 무시하는 거야? 우리 패자들에게도 다 나름의 사연이 있다고!"

"가만, 어깨에 원숭이를 얹고 다니는 승자라면……알……알렉산드로스?"

"옳거니, 그렇구면. 애완용 원숭이에게 새끼손가락을 물려서 죽었다는 소문도 있던데…… 아직도 원숭이를 데리고 다니네!"

어디선가 웅성거리는 소리가 들려오자 담장에 모여 있던 패자들이 일제히 어깨에 원숭이를 얹은 승자를 쳐다봤다.

"그렇소. 나는 마케도니아 왕국의 알렉산드로스요! 이자는 이승에서도 사사건건 나의 나라 마케도니아에 딴죽을 걸더니 여기까지와서도 이렇게 행패를 부리는군요."

승자가 어린 나이에 대제국을 건설했던 알렉산드로스라는 것을 알자, 그를 비난하던 패자들의 기세가 수그러들었다.

"알렉산드로스라……. 어린 나이에 대단한 영웅이었지……."

"그러게. 일찍 죽은 게 안타깝지 뭐. 보아하니 별일 아닌 것 같은

데? 집에나 가자고.”

패자들은 알렉산드로스의 업적을 떠올리며 한마디씩 건넸다. 그러자 알렉산드로스의 먹살을 잡았던 패자가 다급하게 외쳤다.

“이보시오들, 내 말 좀 들어 봐요. 나는 고대 그리스의 아테네에 살던 데모스테네스요. 평소에 내가 소란을 피우는 것을 본 적 있소? 내가 이렇게 소란을 피운 데는 다 이유가 있소!”

데모스테네스의 우렁찬 목소리가 패자의 마을에 쩌렁쩌렁하게 울렸다. 자리를 뜨던 패자들도 다시 발길을 돌렸다.

“역시, 데모스테네스야, 저 목소리 좀 들어 보라고!”

“명연설가라고 소문이 자자했잖아.”

데모스테네스의 목소리를 듣고 옆 마을의 승자들까지 몰려나와 거리는 어느새 북새통을 이뤘다. 데모스테네스는 마치 연단에 오르듯이 옆에 있는 나무 그루터기에 사뿐히 올라서서는 입을 열었다.

“여러분, 내가 저 알렉산드로스에게 받은 수모는…….”

데모스테네스가 알렉산드로스를 가리키며 연설을 시작하자, 알렉산드로스가 콧방귀를 뀌며 말했다

“흥! 여기 와서도 연설인가? 당신 연설이 또 수많은 사람을 홀리겠군. 피곤해서 난 이만!”

알렉산드로스는 모여 있는 영혼들 사이로 유유히 자리를 빠져나갔다.

“어, 어, 잠깐! 어디 가는 거야! 당장 거기 서지 않으면 세계사법정에 고소할 거야!”

데모스테네스는 발을 동동 구르며 알렉산드로스의 뒤통수에 대고 소리쳤다.

"마음대로 하시오. 어차피 내겐 그대의 입담을 당해 낼 재간이 없으니, 나 대신 변호사가 맞붙는 게 낫지!"

알렉산드로스는 어깨에 얹은 원숭이를 다른 팔로 쓰다듬으며 점점 멀어져 갔다. 모였던 인파도 하나둘 집으로 돌아가고, 텅 빈 거리에는 분노에 찬 데모스테네스의 목소리만 멀리 울려 퍼졌다.

"알렉산드로스, 내가 꼭 고소하고야 말겠어!"

마케도니아의 왕자, 제국의 왕이 되다!

알렉산드로스의 조각상

기원전 356년 그리스 반도의 북쪽에 있는 나라 마케도니아의 왕국에 왕자가 태어났어요. 아기는 알렉산드로스로, 이후 알렉산더 대왕, 알렉산드로스 3세라고도 불리지요. 마케도니아의 왕자로 태어난 알렉산드로스는 당시 위대한 학자인 아리스토텔레스의 가르침을 받았어요. 아리스토텔레스는 3년 동안 알렉산드로스에게 윤리학·철학·문학·의학 등을 가르쳤답니다. 스승의 가르침 속에서 알렉산드로스는 자연스럽게 철학과 문학을 좋아하는 청년으로 자라나게 되지요.

그러던 어느 날, 왕이었던 아버지 필리포스 2세가 암살을 당하자 알렉산드로스는 20세의 젊은 나이로 왕의 자리에 오르게 된답니다. 마케도니아의 북쪽에 침입한 이민족을 진압하고 나라 안의 난을 평정한 알렉산드로스는 아시아로의 원정을 시작하지요. 그리고 거대한 제국이었던 페르시아와의 전쟁을 승리로 거두어요. 하지만 승리 뒤에도 알렉산드로스는 걸음을 멈추지 않았어요. 동쪽으로 계속 뻗어나간 알렉산드로스는 인도의 인더스 강에까지 이르게 됩니다. 인도에까지 영향력을 미친 알렉산드로스는 오랜 원정을 접고 군대와 함께 페르세폴리스로 돌아오지요. 하지만 얼마 지나지 않아 알렉산드로스는 33세의 젊은 나이로 숨을 거두고 만답니다. 마케도니아의 왕자로 태어나 거대한 영토를 가진 제국의 왕이 된 알렉산드로스의 별이 지고 말지요.

원고	데모스테네스	대리인	김딴지 변호사
피고	알렉산드로스	대리인	이대로 변호사

청구 내용

　아테네는 페르시아 제국의 침략을 물리치고 인류 역사상 가장 위대한 민주 정치를 실천했습니다. 그러나 아테네의 자유와 번영을 시기하여 이웃 스파르타가 펠로폰네소스 전쟁(B.C.431년~B.C.404년)을 일으키자 아테네는 국력이 많이 쇠약해졌습니다. 이를 틈타 이웃 나라 마케도니아의 필리포스는 그리스를 유린하더니, 그의 아들 알렉산드로스는 부왕의 뜻을 계승한답시고 동방 원정에 나서 그리스를 파괴했습니다.

　겉으로 보면 알렉산드로스는 승승장구했고 결국 원정은 성공했습니다. 이에 역사는 알렉산드로스를 세계 최고의 위인이자, 영웅으로 숭배하는 데만 열중하고 있습니다. 모두 그가 이룬 치적에만 관심을 기울이고 아테네와 그리스 인의 운명에는 관심조차 두지 않았지요. 하물며 나, 데모스테네스가 아테네의 정신을 지키고자 했던 대의야 말할 나위 없지요.

　페르시아의 크세르크세스가 아크로폴리스의 외형을 파괴했다면 알렉산드로스는 아크로폴리스의 기초를 파괴한 셈이었습니다. 사실 아테네 하면 자유와 민주 정치의 대명사인데 껍데기만 유지했다고 해서 어디 그것이 산 것이라고 하겠습니까? 아테네는 알렉산드로스의 계속

되는 원정으로 더 이상 평화롭게 살 수 없었습니다. 남자들은 전쟁에 징발되고 물자도 계속 착취당했습니다. 알렉산드로스의 이상주의는 군왕이 되려는 자신의 야심을 감추기 위한 술책이자 교묘한 논리일 뿐입니다.

사람들은 나를 명예에 눈먼 선동 정치가라고 비난합니다. 그것도 모자라 뇌물을 받았다는 혐의를 들씌워 나를 파렴치한으로 몰았습니다. 하지만 나는 평생 그리스의 자유와 평화를 꿈꿨을 뿐입니다. 나는 이번 소송을 통해 알렉산드로스의 동방 원정의 실상을 후대인들에게 알리고 나의 명예를 꼭 회복하고자 합니다.

입증 자료

- 중학교 역사 교과서
- 고등학교 세계사 교과서
  그 외 자료 추후 제출하겠음.

위 청구인 데모스테네스
역사공화국 세계사법정 귀중

마케도니아는
어떻게 성장했을까?

1. 그리스와 마케도니아는 어떤 관계였을까?
2. 필리포스는 어떻게 마케도니아를 강성하게 만들었을까?
3. 필리포스는 평화를 파괴했을까?

교과연계

역사
VII. 통일 제국의 등장
   4. 지중해 세계의 형성과 크리스트교의 성립
      (2) 알렉산드로스 제국 속에 꽃핀 헬레니즘 문화

그리스와 마케도니아는
어떤 관계였을까?

"알렉산드로스 대왕이 고소를 당했다고? 이유가 뭐래?"

"위대한 정복자들이야 전쟁을 끊임없이 벌였을 테고, 그러다 보면 사람들의 피가 꽤 흘렀겠지. 어디 전사뿐이겠어? 미망인들, 고아들, 거기다 전쟁으로 몸을 다친 병사들의 원성이 자자했겠지. 고소 이유야 빤하네."

"글쎄, 그 정도 이유가 아닌가 봐. 이번에는 정말 딴죽을 거는 것 같단 말이야. 알렉산드로스 대왕의 동방 원정이 애당초 잘못되었다는 거지."

"누가 감히 동방 원정을 탓한다는 거야? 당대 최대의 위대한 정복자이자 젊은 날 혜성처럼 나타났다가 요절한 천재적인 정복자 알렉산드로스 대왕! 난 그분의 영원한 팬이야! 난 그저 알렉산드로스 대왕을 볼 수 있다는 것만으로도 이번 재판이 정말 기대되는데."

"자자, 조용히 하세요! 판사님이 입정하십니다."

법정 경위의 외침에 배심원과 방청객들이 입을 다물었다. 검은 법복을 입은 판사가 걸어 나와 사람들이 잘 내려다보이는 판사석에 앉았다. 재판정을 한번 훑어본 판사는 원고 알렉산드로스와 피고 데모스테네스를 번갈아 쳐다보았다.

판사   원고 측 변호인, 오늘의 사건은 무엇입니까?

김딴지 변호사   ▶마케도니아의 알렉산드로스 대왕은 기원전 334년경 그리스군을 이끌고 동방 원정을 단행해 페르시아를 정벌하고 인더스 강 유역까지 진출했습니다. 그 결과 유럽, 아시아, 아프리카의 세 대륙에 걸친 대제국을 만들었지요. 알렉산드로스 대왕은 자신이 동방 원정을 떠난 것은 '범그리스 복수전'이라는 대의 때문이었다고 말합니다. 즉, '그리스를 괴롭힌 페르시아에게 복수하기 위해서' 동방 원정을 떠났다는 말이지요. 또한 사람들은 알렉산드로스가 약해 빠진 그리스를 통합하고 호쾌하게 페르시아를 정복했을 뿐 아니라 인도까지 그리스 인의 영역을 넓히고 문화를 전파했다고 칭송하고 있습니다. 그래서 알렉산드로스는 지상 최고의 정복자일 뿐만 아니라 때로는 위대한 신으로까지 숭배받고 있습니다.

판사   알렉산드로스 대왕의 업적에 관해서는 이미 잘 알고 있소.

김딴지 변호사 반면에 원고 데모스테네스는 마케도니아의 왕 필리포스와 아들 알렉산드로스를 반대했으나 실패하여 독약을 마시고 자살한 사람으로 기억되고 있습니다. 심지어 그는 아테네를 구원하지 못하고 오히려 아테네 인을 현혹시킨 사람으로 평가받고 있지요. 이에 대해 원고 데모스테네스는 알렉산드로스의 동방 원정은 그리스를 위한 것이 아니라 자신의 야망을 위한 것이었으며, 동방 원정으로 인해 오히려 그리스가 멸망했다는 것을 밝히기 위해 소송을 걸었습니다.

왜 알렉산드로스는 동방 원정을 떠났을까?

판사　그럼 한번 정리해 봅시다.

김딴지 변호사　네, 원고 데모스테네스는 첫째, 알렉산드로스가 그리스의 구원자이자, 그리스의 정통성을 계승한 적자라는 주장은 거짓이라고 주장합니다. 둘째, 알렉산드로스의 동방 원정은 그리스를 위한 것이 아니라 마케도니아 왕국과 알렉산드로스의 야망을 위한 것이었으며, 셋째, 알렉산드로스가 펼친 정책인 '동서 융합'이 그리스의 전통을 심하게 훼손했다는 것을 말하는 바입니다. 따라서 범그리스 복수전이라고 말하는 알렉산드로스의 동방 원정은 노골적인 사기라고 주장합니다.

　김딴지 변호사가 데모스테네스가 알렉산드로스를 고소한 이유를 설명하자, 재판정이 순식간에 술렁거렸다. 사람들은 선동 정치가 데모스테네스가 말도 안 되는 엉터리 이야기를 하고 있다며 데모스테네스를 비난했다.

　"정치를 빙자하여 뇌물이나 받은 파렴치한 같으니라고."

　"그러게 말이야. 알렉산드로스 대왕이 자비를 베풀어 목숨을 거두지 않은 것을 고마워할 줄도 모르는 배은망덕한 놈이군!"

판사　네, 잘 들었습니다. 그럼 원고를 불러 본격적으로 재판을 시작해 봅시다. 원고는 나와 주시지요.

데모스테네스　안녕하십니까, 나는 데모스테네스입니다. 이번 재판의 원고이며, 저기 앉아 있는 알렉산드로스를 고소한 사람이지요.

"말쟁이, 허풍쟁이!"

방청객들이 데모스테네스를 향해 야유를 보냈다. 하지만 데모스테네스는 아랑곳하지 않은 채 웅변가다운 자태로 당당하게 말을 이었다.

데모스테네스　나는 위대한 '헬렌'의 자손으로서 아테네에서 태어난 웅변가요. 나는 위대한 그리스가 야만스런 '바르바로이'인 마케도니아의 필리포스 부자에게 유린되는 것에 반대하여 아테네 인을 마케도니아의 마수에서 구원코자 했지요. 하지만 결국 나는 반마케도니아파로 지목되어 사형 선고를 받고 스스로 목숨을 끊었습니다.

김딴지 변호사　판사님, 그럼 먼저 오늘 사건의 무대가 되는 그리스와 마케도니아에 대해 알아보겠습니다. 원고, 그리스는 당시 어떤 상황이었나요?

데모스테네스　우리 그리스는 서로가 서로를 견제하면서 대화로 국정을 운영하고, 저마다의 개성을 존중하는 인간다운 세상이었지요. 우리야말로 위대한 헬레네스들이었습니다. 하지만 마케도니아는 그리스의 변방에 불과했습니다. 사람들은 한 명의 왕에게 복종하고, 나머지는 왕의 노예로 살았습니다. 그러니 왕이 되기 위한 피비린내 나는 암투가 끊이질 않았지요. 그리스 만세! 아테네 만세!

판사　아니, 원고! 여기가 무슨 선거 유세장입니까? 자중하세요.

판사가 책상 위에 놓인 서류를 뒤적거리면서 말을 이었다. 그러자 원고 측 김딴지 변호사가 일어났다.

김딴지 변호사 재판장님, 원고 데모스테네스는 당시 다른 그리스 인이 그랬듯이 그리스의 평화와 번영을 열망하고 있었습니다. 그리스는 야만적인 페르시아에 대항해 페르시아 전쟁(B.C.492년~B.C.448년)을 승리로 이끌고 그리스의 자유와 민주주의를 지켜 냈습니다.

김딴지 변호사가 판사를 쳐다보며 또박또박 말하자 설명을 듣고 있던 방청객들이 수군거렸다.

"맞아. 페르시아 전쟁은 서방 민주정 대 오리엔트 전제정의 싸움이라고 배웠는걸."

판사 얼마 전 열린 재판을 통해 아테네가 페르시아 전쟁에서 승리했다는 것은 익히 알고 있습니다. 그럼 전쟁이 끝난 후 그리스의 자유는 잘 유지되었나요?

데모스테네스 에, 그것이…… 아쉽게도 페르시아의 침입을 물리친 그리스는 전쟁 후 강력해진 힘을 바탕으로 그들끼리 서로 으르렁거리며 싸우는 잘못을 범했습니다. 페르시아 전쟁에서 페르시아 인을 물리치는 데 결정적인 역할을 한 아테네는 거대한 해군 제국으로 성장하며 에게 해와 동부 지중해의 강자로 떠올랐지요. 이러한 ▶아테네의 독주에 스파르타가 제동을 걸며 기원전 431년 두 세력권이

왜 알렉산드로스는 동방 원정을 떠났을까?

전쟁을 벌였는데 이것이 바로 펠로폰네소스 전쟁입니다. 서로에게 피해만 준 이 전쟁으로 그리스는 대내외적으로 쇠약해졌습니다.

판사　그리스의 도시국가들끼리 싸운 펠로폰네소스 전쟁을 말하는 것이고요.

데모스테네스　같은 민족끼리 피를 흘리다니, 참 슬픈 일이지요.

판사　그렇군요. 그리스 내부의 상황에 대해서는 이 정도로 들어보기로 하고, 이제 아테네와 마케도니아가 서로 어떤 관계였는지 궁금하군요. 조금 전, 김딴지 변호사는 마케도니아를 바르바로이라며 야만인으로 업신여겼지요. 그런데 한편에서는 마케도니아도 그리스에 포함되었다고 하던데, 정말인가요?

데모스테네스　마케도니아가 그리스 국가라고요? 천만의 말씀이지요. 헤로도토스는 그의 저서인 『역사』에서 "그리스 인은 공동의 혈연, 언어, 종교, 관습, 습속을 갖고 있다"고 말했습니다. 그런데 마케도니아가 이 같은 설명 중 어디에 해당됩니까? 그리스와 아무 상관 없는 마케도니아의 필리포스가 그리스를 흠모한 나머지 스스로를 그리스 인이라고 우긴 것이지요. 이것은 속임수입니다.

이대로 변호사　이의 있습니다, 재판장님. 원고는 마케도니아가 그리스의 일원이 아니라고 아예 단정 지어 말하고 있습니다. 또한 근거도 제시하지 않고 필리포스를 속임수나 쓰는 협잡꾼으로 몰아붙이고 있습니다.

판사　네. 받아들입니다. 원고는 감정적인 말은 삼가 주세요. 그렇

화이 사상

중국이 스스로를 문화적 중심으로 생각하는 사상으로, 중화 사상이라고도 합니다. 춘추 전국 시대에 형성되기 시작하여 유가 사상이 국가의 통치 이념으로 자리 잡은 한나라 때에 완성되었지요.

다면 이대로 변호사는 마케도니아가 그리스와 관련이 있다고 주장하는데, 그 이유가 무엇입니까?

원고 데모스테네스의 주장을 반박하며 이대로 변호사가 말을 이었다.

이대로 변호사   재판장님, 그리스 인은 자기만을 문명인으로 보고 나머지는 모조리 야만인으로 보는 어쭙잖은 우월감을 갖고 있었습니다. 이는 마치 중국인들이 자기네만이 세계의 중심이고 나머지는 오랑캐라고 보는 화이 사상과 같은 것입니다. 원고는 필리포스가 그리스 어를 말하지 않는다는 이유로 그를 바르바로이, 다시 말해 야만인이라 했지요.

김딴지 변호사   바르바로이의 뜻이 원래 '그들의 말을 알아 들을 수 없다'이니, 필리포스를 바르바로이라 하는 것은 맞는 말입니다.

이대로 변호사   아닙니다, 재판장님. 마케도니아 방언에 그리스 말이 아닌 언어 형태가 뒤섞여 있어서 표준 그리스 어를 말하는 사람과 의사소통이 어려웠던 것은 사실입니다. 그러나 필리포스는 표준 그리스 어를 말할 줄 알았고 그리스 어로 된 문학을 읽었다는 증거도 있습니다.

판사   그렇다면 아주 다른 말을 쓰지 않은 만큼 그리스와 마케도니아가 밀접한 관계였단 말입니까?

이대로 변호사   그렇습니다. 우선 그들이 사용한 말은 그리스 어의 방언이지요. 민족의 정의가 무엇입니까? 바로 같은 문화와 같은 언어를 공유하는 집단이 아니겠습니까? 물론 마케도니아는 그리스처럼 도시국가 형태로 발달하지는 않았습니다. 하지만 이것을 두고 마케도니아는 그리스가 아니리고 주장한다면 그건 억지지요. 지형적으로 볼 때 마케도니아는 흑해 연안을 끼고 대평원이 펼쳐져 있기 때문에 도시국가들처럼 분리되지 않고 통일성을 갖춘 정부로 발달했을 뿐입니다. 게다가 아테네는 마케도니아를 경제적으로 중시했습니다. 그중 트라키아는 아테네의 곡물 기지 역할을 했습니다. 트라키아에서는 우수한 품질의 목재를 비롯해 아테네가 배를 만드는 데 필요한 소나무가 잘 자랐습니다. 게다가 역청과 타르도 풍부했는데, 아테네는 이것들을 들여와 해상 함대를 만들 수 있었습니다. 물론 마케도니아 측에서도 생산물을 수출하기 위해 그리스 도시국가와 우호 관계를 맺었지요. 이 과정에서 그리스 도시들이 마케도니아에 발전된 문명을 전해 줘서 마케도니아는 성장할 수 있었습니다. 이런 관계가 바로 누이 좋고 매부 좋은 격 아니겠습니까! 그러니까 마케도니아 인은 분명 그리스 인입니다.

판사   또 다른 이유가 있나요?

이대로 변호사   그리스 인의 조상은 원래 북쪽에서 살다가 그리스로 내려왔습니다. 그리고 그들이 그리스로 남하할 때 일부는 마케도니아에 정착했습니다. 마케도니아에 정착한 이들은 그리스와는 달리 지방 수령들이 통치하는 형태로 나라를 점차 발전시킨 것이지요.

정치 형태가 그리스와 다르다고 하여 마케도니아를 이방인으로 취급해서는 안 될 것입니다.

판사　역사적으로 그런 과정이 있었군요.

이대로 변호사　그렇습니다. 인구가 늘어난 그리스는 기원전 750년 경부터 해양을 개척하여 오늘날 서쪽의 에스파냐에서 동쪽의 그루지야에 이르기까지 1천5백여 개에 달하는 도시들을 건설했지요. 이탈리아 반도에도 일찍이 시라쿠사와 같은 식민시를 만들지 않았습니까? 원고 데모스테네스는 아테네만이 아주 우월한 국가라고 말하는데, 원래 아테네는 여러 도시국가 중 하나였을 뿐이었지요.

판사　참으로 도시국가가 많았군요.

이대로 변호사　그래서 플라톤은 『파이돈(Phaidon)』에서 그리스 인을 두고 '우물 주위에 모여 사는 개구리나 개미와 같다'라고 비유했습니다. 원고 측 변호사는 마케도니아가 그리스와 같이 도시국가 형태로 발전하지 않아서 같은 그리스 인이 아니라고 말했습니다. 하지만 페르시아 전쟁이 막바지에 다다를 즈음, 마케도니아의 해안 지대에서도 피드나와 메토네 등과 같은 도시들이 뒤늦게 발달했으니, 도시국가가 전혀 없었다고도 말할 수 없을 것입니다.

판사　이대로 변호사, 이번 재판을 위해서 아주 공부를 많이 하고 왔나 보군요. 좋습니다. 김딴지 변호사는 이에 대해 할 말이 있습니까?

　　플라톤의 말까지 끌어와 변론하는 이대로 변호사를 보며 김딴지

　왜 알렉산드로스는 동방 원정을 떠났을까?

변호사는 당황한 듯 연신 땀을 닦아 냈다.

김딴지 변호사   그, 그건…… 당시 누가 마케도니아를 그리스의 일원으로 대우했습니까? 증거를 대 보세요. 게다가 마케도니아가 그리스의 일원이라면 제우스를 모시고 올림피아 제전에도 참여했을 텐데, 저는 마케도니아가 올림피아 제전에 참가했다는 이야기는 듣지도 보지도 못했습니다.

이대로 변호사   재판장님, 이의 있습니다. 그리스와 마케도니아는 같은 신화를 공유했습니다. 예를 들어 기원전 333년에 알렉산드로스는 실리시아의 그리스 도시인 말루스가 전에 페르시아에 내던 세금을 자신에게는 내지 않아도 좋다고 면제해 주었습니다. 왜냐하면 마케도니아의 아르가이 왕실은 자신들이 헤라클레스의 후손인 테메누스의 후예라고 주장했는데, 그것은 이들이 아르고스에서 마케도니아로 이주했고, 말루스 역시 아르고스 출신 사람들이 세웠다고 판단했기 때문이지요. 알렉산드로스는 공통의 신화를 가진 이들을 동족으로 인정했습니다.

판사   그럼 마케도니아가 올림피아 제전에도 참가했습니까?

이대로 변호사   물론이지요. 올림피아 제전에는 오직 그리스 인만 출전할 수 있었는데요. 마케도니아 왕은 그리스 인 자격을 인정받아 참가할 수 있었습니다. 게다가 마케도니아 인은 그리스 판테온의 신들을 경배했습니다. 종교는 정체성을 결정하는 중요한 기준이지요.

올림피아 제전
고대 그리스에서 제우스를 위해 지내던 제사입니다. 4년마다 초여름에 5일씩 열렸지요. 제사가 끝난 후에는 큰 운동 경기를 했는데, 이것이 오늘날 올림픽의 기원입니다.

헤라클레스
그리스 신화에 나오는 가장 힘이 세고 유명한 영웅입니다.

판테온
그리스의 여러 신들에게 바치는 신전입니다. 그리스 어로 모두를 뜻하는 '판'과 신을 뜻하는 '테온'이 합쳐져서 판테온이라는 명칭이 만들어졌지요. 현재 판테온은 가톨릭 성당으로 이용되고 있습니다.

최근 동부 마케도니아에 알렉산드로스가 세운 도시, 칼린도이아에서 아스클레피우스와 아폴론의 예식에 참석한 마케도니아 사제들의 명단이 적힌 비석인 기명이 발견되었습니다. 이 같은 이유로 원고 측 주장과 달리 마케도니아가 그리스의 일원이라는 점을 분명히 하고자 합니다. 이상입니다.

그리스 인은 모두 헬레네스

'헬레네스(Hellenes)'라는 말은 그리스 인이 스스로를 일컫는 말로 전설적 영웅인 '헬렌'에서 유래했습니다. 그리스의 여러 도시국가는 자신들 모두가 위대한 '헬렌'의 자손이라고 생각했어요. 헬레네스는 여기저기 흩어져 있던 도시국가들의 연합체인 그리스를 엮어 주었습니다. 말하자면 그리스 인은 이 말을 통해 '우리'라는 의식을 가졌지요.

그리스 인은 자신들의 문화인 그리스 문화 특히, 민주 정치에 대한 자부심이 대단히 컸습니다. 그래서 그리스를 제외한 외부 세계의 사람들을 야만인이라는 뜻의 '바르바로이(barbaroi)'라 부르며 얕잡아 보았지요. '바르바로이'라는 말은 원래 그들의 말을 알아들을 수 없다는 뜻에서 사용되었는데 기원전 5세기에 이르면 '낯설다'는 뜻뿐 아니라 '낙후되고 야만적'이라는 뜻으로 확대되었습니다.

그리스 인은 바르바로이는 기껏해야 허례허식으로 강화된 왕의 권위에 의해서만 결속할 수 있을 뿐, 발전된 정치 조직을 이룰 수 없다고 보았지요. 반면 자신들은 투표에 의한 '다수결 원리'와 자유로운 토론을 통해 정치를 할 수 있다고 믿었습니다. 또 그리스 인만이 '자유민'이며 바르바로이는 '노예'라고 보았습니다. 이쯤 되면 그리스 인의 자부심이 얼마나 대단했는지 알 수 있겠지요?

2

필리포스는 어떻게 마케도니아를 강성하게 만들었을까?

판사   피고 측의 주장은 그리스와 마케도니아가 역사적으로 서로 관련이 있다는 말이군요. 두 나라의 관계에 대해 잘 들었습니다. 그렇다면 마케도니아는 어떻게 거대한 제국을 세울 만큼 강한 나라가 되었나요?

이대로 변호사가 의기양양하게 말을 이어 갔다.

이대로 변호사   오늘 사건의 주인공은 알렉산드로스이지만 마케도니아가 성장한 과정을 설명하려면 그의 아버지인 필리포스 왕을 빼놓을 수 없습니다. 기원전 4세기 전반까지 그리스 본토는 스파르타, 아테네, 테베의 강대한 세 나라의 세력이 서로 맞서는 혼란스런 시기였습니다. 중국의 춘추 전국 시대를 동서고금을 통틀어 가장 어지러운 시대로 손꼽는데, 그리스의 이때를 춘추 전국 시대와 견줄 수 있습니다. 마케도니아의 필리포스는 그리스 인이 같은 민족끼리 치열하게 전쟁을 벌이던 당시, 그 현장에 있었습니다. 테베가 그리스 최강의 국가로 부상할 즈음, 젊은 필리포스는 테베에서 볼모로 지내고 있었습니다.

판사   당시 마케도니아는 약한 국가였나요?

이대로 변호사   네, 그렇긴 했습니다. 하지만 운명의 신은 결국 필리포스의 손을 들어 주었습니다. 역사의 중심은 서로 싸우는 그리스가 아니라 마케도니아에게로 옮겨졌으니 말입니다.

판사   그럼 갑자기 마케도니아가 강대국이 될 수 있었던 과정을 설명해 주시지요.

이대로 변호사   앞서도 말했듯이 테베는 마케도니아가 그들의 말을 고분고분하게 듣도록 왕자 필리포스를 볼모로 두었지요. 필리포스는 기원전 368년에서 365년까지 테베에서 볼모로 생활하던 중 이런저런 교훈을 톡톡히 배웠습니다.

판사   음, 볼모로 생활하기가 편치 않았을 터인데 그곳에서 교훈을 얻었다니……. 그래, 어떤 내용인가요?

이대로 변호사   당시 테베는 뛰어난 정치가이자 장군인 에파미논다스(Epaminondas)의 지도 아래 있었는데, 필리포스는 이때 배운 교훈을 수십 년 동안 마케도니아 왕으로서, 후일에는 그리스의 왕으로서 적절히 활용할 수 있었습니다.

팔랑크스 대형

판사 필리포스가 그리스에서 무엇을 배웠는지 구체적으로 설명해 주시지요.

이대로 변호사 그리스가 페르시아 전쟁에서 승리할 수 있었던 것은 '팔랑크스'라고 부르는 밀집 보병 부대의 힘이 컸기 때문입니다. 팔랑크스는 고대 그리스 시민군의 전형적인 부대 형태나 그 전술을 말하는 것입니다. 이전까지 마케도니아군은 4.3m 길이의 기다란 창을 사용했는데, 이 창은 너무 무거워서 두 손으로 겨우 들 수 있을 정도였지요. 필리포스는 사병들에게 이 창을 팔랑크스 대형으로 사용하는 법을 가르쳤어요. 긴 창으로 무장한 선두 무리는 멧돼지 이빨과 같이 가공할 만한 위력을 발휘했습니다. 필리포스는 기병이 적의 정면을 쳐부수어 보병의 측면을 보호해 주는 전술을 병행했습니다. 이것이 불패의 전술이 되었고, 필리포스가 마케도니아 군사들에게 신임을 얻는 촉매제가 되었습니다.

판사   그래서 마케도니아가 강해졌다는 것인가요?

이대로 변호사   그렇습니다. 나아가 필리포스는 귀족을 제압할 수 있었고 그 결과 승승장구하게 되었지요. 알렉산드로스 역시 동방 원정 때에도 이 전술을 효과적으로 사용해 승리할 수 있었지요. 마케도니아는 필리포스에 의해 다시 건국되었다고 해도 과언이 아닙니다.

김딴지 변호사   재판장님, 피고 측 진술을 통해 필리포스는 무력을 숭배했음이 분명해졌습니다. 그는 강탈자입니다.

이대로 변호사   재판장님, 원고 측의 주장은 논리적인 비약으로서 이번 재판과는 무관합니다.

판사   인정합니다. 수많은 국가들이 패권을 다투던 시대이니, 전쟁을 피할 수 없는 것은 당연한 일로 보이는군요.

이대로 변호사   이처럼 마케도니아는 필리포스 왕 때에 이르러 국력이 강해지자 비로소 그리스 세계의 일원으로 받아들여진 것이지요. 어디 힘이 없으면 명함이라도 내밀 수 있었던가요? 저 콧대 높은 그리스의 일원으로 말이지요. 그때 마케도니아 인이 겪었던 설움은 보지 않아도 눈에 선합니다. 이렇게 필리포스는 와신상담하는 자세로 힘을 길러 결국 인보 동맹에 가입한 것이지요.

판사   인보 동맹이라고요?

이대로 변호사   인보 동맹은 고대 그리스에서 같은 신을 믿는 도시들끼리 신전과 그 의식을 지키고 유지하기로 결성한 동맹을 말합니

와신상담
중국 춘추 전국 시대 오나라와 월나라 간에 전해지는 고사로 가시가 많은 장작 더미 위에서 자고 쓰디쓴 곰 쓸개를 핥으며 패전을 되갚겠다는 의지를 다진 것을 말합니다.

인보 동맹
인보 동맹은 고대 그리스에서 종교 중심지를 둘러싸고 형성된 인접 국가들의 연합체를 말합니다. 가장 중요한 연합체는 델포이 인보 동맹이었습니다. 이 동맹은 델포이의 아폴로 신전과 관련이 있는데, 회원국들은 신전과 그 부속 재산을 관리하고 보물고를 감독했으며 델포이 제전을 거행했습니다. 동맹은 종교적인 성격이 우선이었지만 가맹 도시를 파괴하거나 물 공급을 차단하는 행위를 금지하는 내용의 선서를 통해 정치적인 영향력을 행사하기도 했습니다. 동맹은 이 선서를 어기는 도시에게 벌을 내리고 심지어는 전쟁을 선포할 수도 있었습니다.

다. 아폴로 신탁과 델포이의 경기 등을 주관하는 이 동맹에 들어가야 비로소 그리스 세계의 일원으로 인정받지요. 기원전 346년 필리포스 왕 때에 마케도니아는 포키스 대신 인보 동맹의 투표권을 획득했습니다.

판사 마케도니아는 인보 동맹에 가입함으로써 진정한 그리스 인으로 인정받게 되었다는 말이군요.

이대로 변호사 그렇습니다. 판사님은 역시 하나를 얘기하면 열을 알아들으시는군요. 마케도니아는 분명 역사에서 그리스의 국가로 권리를 지녔습니다. 늦게 낳은 자식은 자식이 아닙니까? 마케도니아가 늦게 인보 동맹에 가입했다고 해서 그리스의 일원이 아니라고 주장하는 것은 억지입니다.

이대로 변호사가 마케도니아가 분명히 그리스 사회의 한 국가로 존재했음을 설명하자 재판정은 소란스러워졌다.

"뭐야? 필로포스 왕 때 인보 동맹에 가입했다면 마케도니아도 그리스의 여러 국가 중에 하나임이 확실하잖아!"

"그런데 왜 자꾸 그리스 인은 마케도니아가 다른 민족이고, 마케도니아의 동방 원정으로 그리스가 고유한 색깔을 잃어버렸다는 거지? 다 같은 그리스 인이면서 말이야."

"그러게 말이야, 그런데 저기 김딴지 변호사가 얼굴이 벌게지면서 뭔가 할 말이 있는 것 같은데."

김딴지 변호사　　재판장님! 이대로 변호사는 지금 필리포스가 인보 동맹에 마치 평화롭게 가입한 것처럼 말했습니다. 하지만 필리포스는 그리스 세계의 내분을 이용하여 철저히 힘으로 밀어붙여서 동맹에 들어갔을 뿐입니다.

판사　　호, 그런가요? 그럼 그에 대해 지세히 설명해 주세요.

김딴지 변호사　　네, 알겠습니다. 테베가 델포이를 지배하자, 델포이의 주도권을 두고 테베와 포키스 간에 마찰이 있었습니다. 그런데 포키스가 델포이 신전의 보물을 마음대로 써 버리자 테베는 포키스와 전쟁을 벌여서 그리스의 대표자임을 과시했습니다. 이를 포키스 전쟁이라고 하지요. 여기에 아테네와 스파르타도 끼어들었는데요. 아테네와 스파르타는 테베의 독주에 대항하고자 포키스를 지지했고 이에 테베와 포키스 간의 전쟁은 전체 그리스의 전쟁으로 확대되었지요. 풍전등화의 위기에 빠진 테베는 기원전 356년 마케도니아에 도움을 요청했습니다. 이미 막강한 군사력을 보유하고 있던 필리포스는 이 상황을 적절히 이용하여 포키스를 테살리아 지역에서 철수시켰지요.

판사　　그러니까 테베는 마케도니아의 도움으로 가까스로 살아남을 수 있었다는 말이군요.

김딴지 변호사　　네, 필리포스는 이때 곧바로 그리스 도시를 정복할 수도 있었으나, 아테네를 두려워하여 거의 10년을 기다린 끝에 아테네와 강화 조약을 체결했습니다. 그리고 포키스를 포함한 그리스 도시를 마음껏 유린하였지요. 이를 계기로 마케도니아는 포키스를 대신하여 인보 동맹의 투표권도 갖게 된 겁니다.

판사　흠, 김딴지 변호사의 말을 듣자 하니, 마케도니아는 평화롭게 인보 동맹에 가입한 것이 아니로군요.

김딴지 변호사　네, 바로 그렇습니다! 인보 동맹에 가입하기 위해 전쟁을 치르고 윽박지른 나라가 마케도니아 외에 또 어디 있습니까? 마케도니아가 그리스의 일원이라니 이것은 말도 안 됩니다!

이대로 변호사　아니, 김딴지 변호사! 말을 곡해해도 분수가 있지. 정 그러하다면 마케도니아의 부흥과 관련하여 알렉산드로스의 아버지인 필리포스 왕을 증인으로 모시고 직접 들어 보도록 하지요.

판사　좋습니다. 증인은 나와서 선서해 주세요.

필리포스　선서, 나 필리포스는 진실만을 말할 것을 맹세합니다.

판사　증인은 간단히 자기소개를 해 주세요.

필리포스　나는 아민타스 왕의 셋째 아들이자 저기 앉아 있는 알렉산드로스의 아버지 되는 필리포스라 하오. ▶나는 왕위에 오르자마자 그리스가 회복할 수 없을 정도로 약해진 것을 알고 그리스의 패권을 장악하고자 마케도니아의 입지를 다졌지요.

이대로 변호사　네, 아들 알렉산드로스와 마케도니아의 영광을 위해 나와 주신 데 감사드립니다. 증인의 업적은 대단하지요. 스스로 말씀하기 쑥스러우실 테니 제가 몇 마디 더 소개하겠습니다. 필리포스 왕은 카이로네이아에서 그리스 연합군에 승리하자 기원전 337년에 그리스 여러 도시국가를 모아 **코린토스 동맹**을 만들었습니다. 필리포스는 이 동맹으로 그리스의 여러 도시들을 통합했지요. 이후 그는 그리스를 위해 페르시아를 정복하자고 말해 동맹의 총사령관으로 선출되었습니다. 하지만 기원전 336년, 페르시아 제국에 대한 범그리스 복수전을 치르기 바로 전 안타깝게도 암살당하고 말았지요.

　이대로 변호사가 자랑스러운 듯 필리포스 왕을 찬양하자 김딴지 변호사가 못마땅한 표정으로 한 걸음 걸어 나왔다.

김딴지 변호사　재판장님, 아들을 정복자로 키운 필리포스 왕이 등장했군요. 제가 직접 질문하겠습니다.

판사　좋습니다. 하지만 명심하십시오. 증인을 비난해서 재판정의 분위기를 흐려서는 안 됩니다.

김딴지 변호사　네, 새겨듣겠습니다. 코린토스 동맹 이야기가 나왔으니 이 주제부터 시작하지요. 증인, 코린토스 동맹의 맹주는 누구였고, 왜 동맹을 맺었나요?

필리포스　맹주는 나였고 그리스의 분열을 막고자 기원전 337년에 동맹을 맺었지요.

김딴지 변호사　무슨 근거로 증인이 맹주였다고 말하는 건지 설명해 주시지요.

필리포스　내가 헤라클레스의 후예이기 때문이오. 다른 그리스 도시국가들은 내가 맹주가 되기에 자격이 충분하다고 인정하여 나와 마케도니아를 동맹국의 맹주로 내세우는 데 동의했지요.

김딴지 변호사　　그때는 증인이 카이로네아 전투에서 승리
한 직후였습니다. 당시 그리스에는 당신의 말에 거역할 자
가 아무도 없었지요. 그래서 도시국가들은 동맹에 가입했
을 겁니다. 결국 코린토스 동맹은 말이 좋아 동맹이지, 사
실상 마케도니아가 그리스를 지배하기 위한 정치적인 기
구에 불과했습니다. 증인의 아들인 피고 알렉산드로스도 똑같은 행
동을 했지요. 동맹의 맹세에 의해 보장받은 자율권은 구실에 지나지
않았어요. 알렉산드로스는 수시로 자율권을 침해했으니까요. 그 아
버지에 그 아들이지요.

이대로 변호사　　김딴지 변호사! 인신공격적인 발언은 삼가세요.

판사　　자자, 그만하세요! 신성한 법정을 감정 싸움의 장으로 만들
지 마세요. 김딴지 변호사는 코린토스 동맹을 범그리스 연합의 가면
을 쓴 통치 기구라고 하고, 피고 측은 진정한 그리스 연합이라고 하
니 헷갈리는군요.

김딴지 변호사　　흠, 그럼 증인이 페르시아 제국을 침공한 것에 대해
물어보겠습니다. 왜 페르시아를 공격하겠다는 생각을 했습니까?

필리포스　　펠로폰네소스 전쟁 이후 그리스는 스파르타 동맹과 아
테네 동맹으로 나뉘어 오랫동안 분열에 분열을 거듭했습니다. 그리
스가 연합하여 페르시아 전쟁에 승리했지만 그건 어디까지나 잠시
였지요. 페르시아 전쟁 이후, 페르시아는 그리스에 대해 정면으로
공격하기보다는 우회법을 썼지요. 페르시아는 아테네와 스파르타의

분열을 이용하여 사실상 그리스 세계를 좌지우지하였던 것입니다. 나는 이대로 가다간 그리스는 결국 페르시아의 속국이 되고 말 것이라고 판단했습니다. 이즈음 나와 그리스 인은 그리스와 마케도니아를 침공한 페르시아에게 복수를 해야 한다고 굳게 다짐했습니다.

김딴지 변호사 　호, 대단하시군요. 코린도스 동맹이 피고의 정복욕을 채우기 위한 수단이었듯, 범그리스 복수전이란 전쟁의 명분도 증인의 왕위가 불안해지자 꾸며 낸 건 아닐까요? 강력한 마케도니아 군대가 아무 일 없이 빈둥거리게 되면 그들이 당신에게 반기를 들까 봐 불안했던 겁니다. 증인은 내부 불만을 해소하고 국내 정치 권력을 확고히 하고자 대외 팽창, 아니 침략을 감행한 것 아닌가요?

이대로 변호사 　재판장님, 이의 있습니다. 원고 측 변호인은 지금 근거도 없이 증인을 질책하고 있습니다.

판사 　인정합니다.

김딴지 변호사 　아닙니다, 재판장님. 이에 대한 근거가 있습니다. 같은 시대를 살았던 그리스의 역사가 테오폼포스는 "필리포스는 만족할 줄 모르는 사치스러운 사람이다. 그는 모든 것을 재빨리 해치운다"라고 비난했습니다. 필리포스는 외교 정책, 뇌물 공여, 전쟁 등을 번갈아 행하면서 그리스 국가들로 하여금 그의 정치적 우위를 인정하게 만들었지요. 이상입니다.

필리포스 　아니, 감히 나를 모욕하다니…….

3

필리포스는
평화를 파괴했을까?

판사   피고 측, 더 하실 말씀이 있나요?

이대로 변호사   뭐, 원고 측이 코린토스 동맹이 범그리스 연합이 아니라고 보는 것도 어느 정도 이해는 합니다. 필리포스 왕을 그리스 세계의 대표자가 아니라 파괴자라고 보는 사람들도 많았습니다.

김딴지 변호사   이대로 변호사가 이제야 바른 말을 하는군요.

이대로 변호사   김 변호사! 끝까지 들으시지요. 그래서 피고 알렉산드로스는 아버지 필리포스 왕을 파괴자에 빗대어 말하는 것에 반대하며, 부왕 필리포스가 남긴 뜻을 받들어 진심으로 그리스를 위해 페르시아에 대한 치욕을 갚자고 주장했습니다. 바로 동방 원정에 나서야 한다고 말이지요.

김딴지 변호사   동방 원정을 떠난 것도 그리스를 위해서였다는 말씀입니까? 전혀 설득력이 없는데요.

이대로 변호사 그렇게 못 믿으시니 아테네 인인 웅변가 이소크라테스를 모시고 사실을 확인시켜 드리지요. 존경하는 재판장님, 필리포스의 지지자인 이소크라테스를 증인으로 불러 주십시오.

판사 허락합니다. 증인 이소크라테스는 증인식으로 나와 선서하세요.

이소크라테스 선서, 나 이소크라테스는 진실만을 말할 것을 맹세합니다.

증인으로 나온 이소크라테스는 그리스의 웅변가로, 후대인들은 그를 인문주의 교육의 아버지라고 불렀다. 이대로 변호사는 이소크라테스가 반가운 듯 눈인사를 건네고 질문을 시작했다.

이대로 변호사 그리스 인인 증인이 마케도니아 왕을 지지한 이유는 무엇입니까?

이소크라테스 우리 그리스 인은 타락하고 있었습니다. 우선, 대단치도 않은 목적을 위해 그리스 국가들은 지리멸렬하게 싸우고 있었지요. 이래서는 금방 그리스가 망할 것 같았어요. 나는 그리스 통일을 평생의 염원으로 삼았습니다. 그 이상을 실현해 줄 사람을 발견했는데, 그가 신생국인 마케도니아의 왕 필리포스였습니다.

이대로 변호사 잘 알겠습니다. 그런데 혹시 증인은 필리포스가 그리스의 자율성을 말살하리라고는 생각해 보지 않았습니까? 마케도

니아가 그리스를 강압적으로 다스릴 거라고 말이지요.

이소크라테스　　그렇게 생각한 적은 없었습니다. 그리스는 이미 한 민족끼리 헐뜯고 싸우는 것을 넘어서 시민의 생명과 재산을 보호해야 할 의무가 있는 군인이 돈에 사고 팔릴 만큼 타락해 있었어요.

이대로 변호사　　용병을 말하는 것인가요?

이소크라테스　　네, 맞습니다. 봉급을 받고 병사가 된 자들을 용병이라 부르지요. 그런데 이 용병이 최고의 폐단 중 하나였습니다. 그 잘난 아테네 인조차 용병으로 팔려 갔으니까요.

이대로 변호사　　구체적으로 어떤 점이 문제였나요?

이소크라테스　　테베와 포키스의 전쟁이 왜 일어났습니까? 물론 자국의 패권을 유지하기 위해서지요. 그런데 포키스 인이 델포이 신전의 재산을 빼돌려 사용한 것은 용병의 급료를 당시 보수보다 50% 이상이나 많이 지불하기 위해서였습니다. 용병은 그리스의 평화를 뒤흔드는 사악한 존재였습니다.

이대로 변호사　　그렇군요. 그래서 증인은 필리포스를 그리스의 평화를 보장하고 페르시아에게서 그리스를 구출해 낼 존재로 보았다는 말씀이지요?

이소크라테스　　예, 그렇습니다.

이대로 변호사　　존경하는 재판장님, 그리고 배심원 여러분, 이 사실을 주목해야 합니다. 프로타고라스의 제자였던 이소크라테스는 필리포스가 그리스의 평화를 결코 깨뜨리지 않으리라고 믿었다는 것, 그리고 그리스의 평화는 페르시아를 정복하지 않고는 불가능했다는 것 말입니다. 이상입니다.

아테네 인이 증인으로 나와 마케도니아의 왕, 필리포스를 위해 증언하자 배심원들은 혼란스러운 듯 보였다. 이에 김딴지 변호사는 반격을 해야겠다고 생각하며 자리에서 일어났다.

김딴지 변호사　재판장님, 이제 제가 피고 측 증인에게 질문해도 되겠습니까?

판사　그렇게 하십시오.

김딴지 변호사　저는 증인에게 두 가지를 질문하겠습니다. 증인은 그리스가 타락했기 때문에 그리스 인이지만 마케도니아를 지지하게 되었다고 말했습니다. 그러면서 용병에 대해 언급하셨는데요. 증인은 용병의 부정적인 역할만 보는 것 같은데 저는 시각을 달리합니다. 당시 용병은 일자리가 부족한 그리스에 일거리를 만들어 주는 긍정적인 역할도 했습니다.

이소크라테스　나는 용병의 전반적인 모습을 이야기한 겁니다. 심지어 그리스의 용병이 돈 때문에 적국 페르시아에 고용되는 사례도 있었다니까요. 기원전 4세기에 접어들면서 신망 있는 아테네군의 지휘관들 가운데 정치적인 지지를 상실하거나 아테네에서 만족할 만한 직업을 찾지 못한 자들이 동방의 군주들에게 고용되는 사례가 하나둘 나타났습니다. 통탄할 노릇이었지요. 어제의 적에게 영혼을 팔다니……. 스파르타 왕 아게실라오스도 말년에 국가 기금을 마련하

　왜 알렉산드로스는 동방 원정을 떠났을까?

기 위해 이집트 왕에게 봉사했습니다. 게다가 용병 대장들에게 고용의 대가로 시민권을 주기도 했지요. 이것은 곧 그리스의 정신이 무너졌다는 것을 의미합니다. 그리고 나는 용병들이 그리스의 정신을 무너뜨렸다는 것에 대해서만 말하는 것이 아닙니다.

김딴지 변호사　　그럼, 무엇이 더 문제였나요?

이소크라테스　　당시 그리스 용병들은 자기들이 싸워야 할 대상이 누구인지도 잊은 듯했습니다. 그리스의 평화를 위해서는 결코 그리스 인끼리 싸워서는 안 될 일이지요. 우리의 적이 누구입니까? 페르시아가 아닙니까? 페르시아는 돈으로 우리 그리스의 아들들을 유린했습니다.

김딴지 변호사　　그럼, 두 번째 질문을 드리겠습니다. 증인은 필리포스가 그리스의 평화를 보장한다고 말씀하셨지요. 증인은 '필리포스에게 보내는 세 번째 편지'에서 "필리포스가 아시아 정복이라는 평생의 꿈을 실현한다면, 이제 그에게 남은 일은 신이 되는 것밖에 없다"고 말했습니다. 이 편지야말로 결정적으로 당신이 아첨꾼이라는 사실을 보여 주는 증거이지요.

이소크라테스　　아, 그, 그게……. 나는 "만약 당신이 아시아를 정복한다면 그때, 당신은 사람이 할 수 있는 일 중 가장 위대한 일을 하는 것입니다"라고 말했을 뿐입니다. 그렇게만 된다면 필리포스의 노력으로 그리스는 오랜 내전을 끝낼 수 있다고 믿었지요.

김딴지 변호사　　증인은 계속해서 그리스 국가들 간의 공동 평화를 말합니다. 하지만 공동 평화라는 말은 어쩌면 그리스에 어울리지 않

는 것일 수도 있습니다.

판사   아니, 김딴지 변호사, 평화라는 말이 오히려 맞지 않다니, 무슨 말인가요?

김딴지 변호사   예부터 도시국가들 사이의 팽팽한 긴장감이 그리스의 평화를 지키는 열쇠였습니다. 한 명의 왕이 나라 전체를 다스리는 동방의 제국들과는 달랐지요. 그리스 인은 이를 자랑스러운 전통이라 여기고 길이길이 남기려 했습니다.

이소크라테스   물론 그렇기는 합니다. 하지만 나는 포키스와 테베의 전쟁을 보면서 지루하고 부질없는 전쟁을 끝내야겠다고 생각했습니다. 그리스의 지도자 중 한 명으로서 이런 생각이 당연히 들지 않겠습니까? 나는 그리스 공동의 평화를 염원한 것이지요. 그때 혜성처럼 나타난 사람이 필리포스였습니다.

증인으로 나온 이소크라테스가 소신을 굽히지 않고 주장하자, 김딴지 변호사도 한숨을 쉬면서 돌아섰다.

판사　자자, 시간이 다 되었군요. 오늘 재판은 피고 알렉산드로스의 아버지 필리포스가 어떻게 마케도니아를 강하게 만들 수 있었는지에 관해 알아보았습니다. 증인들의 증언은 다음 주에 열릴 두 번째 재판에 중요한 근거가 될 것입니다. 그럼 첫 번째 재판은 이것으로 마치겠습니다.

땅, 땅, 땅!

다알지 기자

안녕하세요, 역사공화국 법정 뉴스의 다알
지 기자입니다. 오늘 세계사법정에서는 마케도
니아의 왕으로 기원전 4세기 무렵, 동방 원정을 떠
난 알렉산드로스 대왕과 동방 원정으로 인해 그리스 세계가 파괴되었
다고 말하는 아테네의 데모스테네스의 재판이 열렸습니다. 알렉산드
로스 대왕의 아버지인 필리포스 왕과, 마케도니아를 지지했던 그리스
인, 이소크라테스가 피고 측 증인으로 나왔지요. 오늘 재판에서는 마
케도니아와 그리스가 어떤 관계인지, 마케도니아는 어떻게 대제국을
세울 만큼 발전했는지를 두고 양측이 공방전을 벌였습니다. 첫 번째
공판부터 열기가 뜨거웠는데 양측 변호인을 만나 재판의 내용을 들어
보도록 하겠습니다.

김딴지 변호사

흠, '역사는 승자의 기록'이라고 하더니, 사람
들은 역시 알렉산드로스 대왕의 업적만 기억하고
있군요. 피고 측은 마케도니아가 그리스 국가 중 하나이
고 그들도 그리스 인이라고 말했지요. 그리고 그리스의 조상들은 원래
토착민이 아니라 북에서 내려온 사람들인데 그들이 그리스에 정착하
면서 일부는 마케도니아에 자리를 잡아 그 조상이 같다고 설명했습니
다. 하지만 마케도니아는 올림피아 제전에도 참가하지 않은 다른 국가
일 뿐입니다. 게다가 필리포스 왕이 맹주인 코린토스 동맹 또한 범그
리스 연합이라는 가면을 썼을 뿐 진정한 그리스 연합이 아니라는 것을
말하고 싶습니다.

이대로 변호사

　　여기 모인 분들 중에 혹시 알렉산드로스 대왕을 모르는 분이 있나요? 알렉산드로스 대왕은 페르시아를 정벌하고 대제국을 건설한 영웅입니다. 그런데 알렉산드로스를 법정에 세우다니, 정말 어처구니없는 일이지요. 공판에서 말씀드렸듯이 마케도니아는 원래 아테네와 같은 그리스의 많은 국가들 중 하나였습니다. 그런데 아테네 인은 자신들만이 위대한 '헬레네스'이고 마케도니아 인은 야만인 즉, '바르바로이'라고 생각했지요. 예부터 마케도니아의 트라키아 지역이 아테네의 곡물 기지 역할을 했던 것만 보더라도 두 나라가 서로 의지하며 살아왔다는 것을 알 수 있는데도 말이죠.

알렉산드로스의 동방 원정은 어떻게 가능했을까?

1. 동방 원정은 그리스를 위한 것이었을까?
2. 데모스테네스는 알렉산드로스에 어떤 입장을 취했을까?

동방 원정은 그리스를
위한 것이었을까?

판사   지난번 재판에서 필리포스가 코린토스 동맹으로 그리스를 통합한 것이 과연 그리스의 자유를 위한 것인지, 아니면 그리스의 자유를 박탈한 것인지에 대해 계속 논쟁했습니다.

김딴지 변호사   그렇습니다. 이에 저와 이대로 변호사는 필리포스의 뜻을 계승한 알렉산드로스가 그리스 연합군을 이끌고 동방 원정을 떠난 이유를 알면 필리포스의 의도 또한 알 수 있으리라 생각했습니다. 그래서 오늘은 그 문제를 중심으로 변론을 진행하고자 합니다.

판사   알겠습니다. 자, 그럼 원고와 피고 변호사 가운데 누가 먼저 시작하는 것이 좋을까요? 아무래도 이대로 변호사가 먼저 알렉산드로스의 주장이 무엇이었는지를 설명하는 것이 좋겠지요? 이대로 변호사, 시작해 볼까요?

이대로 변호사 네. 한마디로 말해 알렉산드로스가 동방 원정을 떠난 것은 그리스를 공격한 페르시아에게 복수하기 위해서였습니다.

판사 앞선 재판에서 원고 측은 그건 구실일 뿐이고 다른 이유가 있다고 주장하던데요.

이대로 변호사 물론 다른 목적이 아주 없었다고 할 수는 없습니다. 다만 대의는 분명 그리스를 위한 복수전이었습니다. 그리고 마케도니아가 확고히 그리스를 지배하기 위해서이기도 했지요. 알렉산드로스는 그리스를 지배하기 위해서는 정복 활동을 피할 수 없다고 판단했습니다.

김딴지 변호사 재판장님, 처음에 이대로 변호사는 알렉산드로스의 동방 원정이 정복에 대한 야심 때문이 아니라 했습니다. 그런데 이제 와서는 그리스를 완벽하게 지배하기 위해서였다고 스스로 사실을 말하는군요. 캐물으면 물을수록 다른 소리로 말을 바꾸는 피고 측이 안쓰럽습니다. 그리고 또 하나의 숨겨진 이유가 있지요.

판사 숨겨진 이유라니요?

김딴지 변호사 지난 재판에서 증인으로 나왔던 필리포스 왕은 동방 원정을 떠나기 직전에 암살당했지요. 당시 사람들은 알렉산드로스가 아버지를 죽이고 왕위에 오른 것은 아니냐고 웅성거렸지요.

"지금 김딴지 변호사가 뭐라고 말한 거야? 알렉산드로스가 아버지인 필리포스 왕을 죽였다는 말이야?"

"그래, 한번 들어 보자고."

원고 측 변호사가 느닷없이 알렉산드로스가 필리포스를 죽였다고 말하자 방청석은 무슨 사연인지 의아하게 여겼다.

김딴지 변호사 그래서 알렉산드로스는 이런 소문을 잠재우기 위해 아버지의 동방 원정을 계승한다며 부랴부랴 서둘러 정복에 나선 것입니다. 이 때문에 엄청난 전쟁의 소용돌이가 불어닥쳤지요.

판사 알렉산드로스는 필리포스 왕의 장자로 알고 있습니다. 그리고 왕위는 당연히 장자에게 계승되지요. 그런데 왜 알렉산드로스가 부왕이 암살당한 사건에 연루된 것이지요?

김딴지 변호사 판사님, 이 대목은 알렉산드로스가 동방 원정을 떠난 이유와도 관계되는 중요한 부분입니다. 피고를 직접 모시고 들어 보고 싶군요.

"알렉산드로스 대왕이 드디어 등장하는구나. 내가 이 순간을 얼마나 기다려 왔다고."

"글쎄 말이야. 설레는 마음에 어젯밤 한숨도 못 잤다니까."

웅성거리는 방청객들을 뒤로하고 알렉산드로스가 늠름하게 등장했다. 한때 제국을 아우르던 위인답게 여전히 위풍당당한 모습에 사람들은 할 말을 잃은 듯했다.

판사 흠, 나오시느라 수고하셨습니다.

김딴지 변호사 다들 뭡니까? 지난 공판 때 데모스테네스가 나올 때

왜 알렉산드로스는 동방 원정을 떠났을까?

는 이런 반응이 아니더니, 이거 섭섭합니다. 데모스테네스를 대신해 제가 멋지게 상대해 드리지요.

판사   김딴지 변호사, 신문을 시작해 주세요.

김딴지 변호사   피고, 마케도니아는 왕위가 계승될 때마다 여느 부족 국가처럼 치열한 암투가 벌어지곤 했었지요? 왕위 계승 문제만 보아도 마케도니아의 권력층이 얼마나 불안정한지를 알 수 있지요. 원고도 자신의 왕위 계승이 확실하지 않자 아버지를 암살한 것 아닌가요?

알렉산드로스   흠, 가만히 듣고 있을 수가 없소이다. 당시 나는 카이로네아 전투에서 승리를 거두며 아버지로부터 왕의 자질을 인정받았소이다. 게다가 나는 마케도니아의 현실을 꿰뚫고 있었소. 마케도니아의 왕권은 군대의 충성 없이는 유지할 수 없었지요. 나는 당시 군대의 실세였던 안티파트로스의 신임을 얻었고 그는 곧 나에게 충성을 맹세했소. 그래서 나는 별다른 권력 투쟁 없이 자연스레 권력을 승계할 수 있었다오. 그러니 내가 아버지를 암살했다는 것은 누군가 나를 시해하기 위해 꾸며 낸 계략에 지나지 않소!

김딴지 변호사   계략이라고요? 피고는 어린 시절부터 아버지와 비교되는 것을 아주 싫어했지요. 그래서 부왕의 업적이 더 위대했다거나 아버지 덕으로 동방 원정이 성공할 수 있었다는 이야기를 증오했지요. 알렉산드로스는 왜 이런 태도를 갖게 되었을까요? 그의 야망 때문이었을까요? 자신이 왕위를 계승할 수 있을지에 대한 걱정 때문이었을까요? 그것도 아니라면 어머니 올림피아스의 사주 때문이었을까요? 저는 이 모든 가능성을 염두에 두고 알렉산드로스가 부왕을 암살했을 것이라고 생각합니다.

이대로 변호사 판사님, 지금 원고 측 변호사는 사실이 아닌 내용을 진실인 양 떠벌리고 있습니다. 신성한 법정을 모독하는 것입니다.

판사 이 변호사, 진정하세요. 그리고 김딴지 변호사도 사실에 근거해 주장해 주시기 바랍니다.

김딴지 변호사 그렇다면 다른 질문을 하겠습니다. 보통은 왕이 된 후, 체제를 안정시키고 전쟁을 벌입니다. 그런데 왜 피고는 황급히 동방 원정을 떠난 것이지요? 동방 원정으로 이 모든 소문을 눌러 버리려 했던 건 아니었나요?

알렉산드로스 그것은 내가 다음 왕위를 이을 왕자로서 확실한 교육을 받았기 때문이오. 당시 왕자 교육은 곧 전쟁에서의 리더십을 의미했지. 그러니 아버지의 유지를 받들어 신속하게 명령을 실천한 것뿐이오.

김딴지 변호사 아닙니다. 피고는 부왕 필리포스가 피살되는 사건이 일어나지만 않았어도 페르시아를 정벌할 기회조차 얻지 못했을 겁니다. 피고는 아버지의 죽음을 기회로 삼아 신속히 페르시아 정벌에 나섰던 것이지요.

판사 그렇다면, 피고의 말과 달리 필리포스 왕은 피고를 신임하지 않았나요?

김딴지 변호사 필리포스 부자간의 갈등의 골은 굉장히 깊었습니다. 카이로네아 전투에서 피고를 신뢰했던 필리포스는 동방 원정대의 선봉대를 파견할 때 피고에게 군대를 맡기지 않았습니다. 사실 필리포스는 피고를 페르시아 정벌에 데리고 가겠다는 생각조차 하지 않았던 것 같습니다. 피고는 떡 줄 사람은 생각도 않는데 김칫국부터 마신 격이지요.

판사   피고 측, 원고 측의 주장에 대해 어떻게 생각합니까?

알렉산드로스와 김딴지 변호사 사이에 오가는 말을 듣고 있던 이대로 변호사가 자리에서 일어났다.

이대로 변호사   재판장님, 원고 측의 주장은 억지입니다. 제 의뢰인이 페르시아를 정복한 것은 다른 이유가 아니라 그리스를 대신해 복수하기 위해서였습니다. 이를 상징적으로 보여 주는 사건이 있습니다. 바로 기원전 330년 4월에 피고가 동방으로 원정을 떠나던 중, 페르시아 아케메네스 왕조의 의식(儀式) 수도인 페르세폴리스 궁을 불태운 사건이지요. 이 방화는 기원전 480년부터 479년에 아케메네스 왕조가 그리스 신전을 불태운 데 대한 상징적 보복인 동시에 아케메네스 왕조의 패배를 알리는 사건이었습니다. 그리스를 위해 이보다 더 통쾌한 복수전이 있을까요? 이것이야말로 그리스를 위한 복수전의 클라이맥스가 아니고 무엇이란 말입니까?

김딴지 변호사   이 변호사, 화제를 갑자기 바꾸는군요. 좋습니다. 진실은 곧 밝혀지겠지요. 그러면 알렉산드로스가 그보다 5년 전인 기원전 325년에 그리스의 도시국가 테베를 완전히 파괴한 이유는 무

엇입니까? 알렉산드로스가 페르세폴리스 궁을 불태운 것은 정복자로서 위용을 보인 것이라고 생각할 수 있겠지요. 하지만 테베를 불태운 것은 알렉산드로스가 내세웠던 범그리스 복수전이라는 대의와는 맞지 않습니다. 대의란 필요에 따라 만들어 짜 맞추면 되는 것이 아닙니다.

이대로 변호사 　테베를 불태운 것은 테베가 마케도니아에 반대하는 동맹을 만들려 했기 때문이었습니다. 그리스를 통합하기 위해서 어쩔 수 없이 응징했을 뿐입니다. 하지만 페르세폴리스 궁을 불태운 것은 그리스를 위한 멋진 복수전이지 않습니까? 허허, 참 답답하십니다!

김딴지 변호사 　그래요? 피고 측은 계속해서 그리스를 위해 동방 원정을 떠났다고 말하는데, 오히려 피고가 그리스 양식을 벗어나려 한 사례가 여럿 있습니다. 먼저 피고는 아시아 왕이 되었을 때 마케도니아와 그리스 궁정 이외에 동양식, 페르시아식 궁정도 새로 마련했습니다. 그리고 365명의 후궁이 있는 하렘도 만들었고, 옷도 페르시아 대왕의 의복을 조금 바꿔 입었지요. 도무지 그리스 인의 정체성이라고는 찾아볼 수 없을 정도였습니다. 무엇보다 새로운 제국의 사람들인 마케도니아 인, 페르시아 인과 그리스 인 중에서 그리스 인을 가장 무시했습니다. 이러고도 알렉산드로스가 그리스를 위했다고 말할 수 있습니까?

판사 　자자, 그럼 피고 측에게 묻겠습니다. 페르시아 정벌을 범그리스 복수전으로 규정지을 다른 근거가 있나요?

이대로 변호사　　알렉산드로스는 아시아에 있는 그리스 도시국가를 해방시키고자 했습니다. 기원전 386년, 그리스 본토의 맹주였던 스파르타와 페르시아 사이에 맺어진 협정에 의해 그리스 도시국가들은 페르시아의 지배를 받아 왔습니다. 아리스토텔레스에게 교육을 받은 알렉산드로스는 그리스 문화를 잘 알고 있던 터라 그리스 인의 평화에 무관심할 수 없었지요. 그래서 나선 것입니다.

김딴지 변호사　　피고 알렉산드로스는 기원전 335년, 테베를 철저히 파괴해 놓고도 그렇게 말할 수 있는지 다시 묻고 싶습니다.

이대로 변호사　　피고는 늘 그리스와 함께하려고 애썼습니다. 모든 일에는 찬반이 있게 마련인데, 대부분은 동방 원정을 찬성했습니다. 하지만 그 가운데 원고인 데모스테네스와 같이 반대하는 자들도 더러 있었지요. 하지만 범그리스 복수전이라는 대의가 있었기에 그리스 도시국가들의 대표를 모아 코린토스 동맹도 결성할 수 있었습니다. 동방 원정이 철저히 마케도니아만을 위한 것이었다면 그리스 사람들로 군사를 모을 수나 있었을까요? 코린토스 동맹군이 없었더라면 동방 원정도 성공하지 못했을 것입니다. 또한 알렉산드로스는 왕위에 오를 때부터 페르시아 원정을 결심하고 있었습니다.

판사　　왕위에 오를 때부터 페르시아 원정을 결심했다고요?

이대로 변호사　　네, 그는 성장하는 동안 늘 그 목표를 잊지 않았습니다. 그래서 체계적으로 정복에 나섰지요. 우선 그리스 원정군인 만인대(萬人隊)와 스파르타의 아게실라오스가 페르시아 영토 내에서 성공적인 원정을 벌여 페르시아에 대한 자신감을 가졌습니다. 특히 알렉산드로스는 기병대 병력만 충분히 있으면 어떤 페르시아 군대라도 물리칠 수 있다는 확신을 가졌습니다. 기원전 334년 봄, 다르다넬스 해협을 건널 때는 보병 약 3만 명과 기병 5천여 명, 그리고 그리스 동맹에서 파견한 7천 명가량의 연합군을 직접 지휘했습니다. 그 가운데 1만 4천여 명이 마게도니아 인이었지요. 이것은 알렉산드로스가 처음부터 제대로 원정을 벌일 생각이었음을 뜻하지요. 물론 필리포스가 창건한 군대를 유지하고 자신이 빚진 500탈렌트를 갚기 위해서 페르시아의 부가 필요했음은 인정합니다.

김딴지 변호사　피고 측 변호인은 그리스 도시국가를 포함한 코린토스 동맹군을 언급했는데, 사실 동맹군의 역할은 아주 미미했습니다. 피고는 이들을 불신했지요. 동맹군은 단지 범그리스 복수전이라는 명분을 위한 겉치레에 불과했습니다. 기원전 331년, 페르시아와 벌인 가우가멜라 전투에서는 피고와 그리스의 대의를 위해 싸우는 용병보다 오히려 페르시아 제국을 위해 싸우는 그리스 용병들이 더 많았습니다. 이는 피고만큼이나 그리스 인도 피고를 신뢰하지 않았다는 증거입니다.

판사　그렇군요. 그럼…….

김딴지 변호사　잠깐만요, 재판장님. 그뿐이 아닙니다. 피고가 그리스를 믿지 않았다는 것은 성능 좋은 아테네 함대를 전쟁에 적극적으로 활용하지 않았다는 데서도 잘 드러납니다. 페르시아가 지배하는 동부 지중해의 페니키아 함대와 키프로스 함대를 상대하려면 피고는 당연히 아테네의 함대를 활용했어야 했는데도 말입니다.

이대로 변호사　　그것은 지금 원고가 피고의 전략을 잘 모르고 하는 말입니다. 알렉산드로스는 아테네 인이 만약 페르시아와 손을 잡는다면 큰일을 그르친다고 판단했습니다. 데모스테네스 같은 자들이 여전히 마케도니아에 반대하고 있었으니까요. 그래서 그리스 인을 다룰 때, 좀 더 신중했을 뿐입니다.

판사　　그렇다면 알렉산드로스가 범그리스주의를 중시했다는 것을 뒷받침할 만한 다른 근거가 있나요?

이대로 변호사　　원고 측의 주장과 달리, 알렉산드로스는 그라니쿠스 전투 이후 그리스를 위해 중요한 제안을 한 가지 했습니다. 바로 페르시아의 압제에서 해방될 그리스 도시들의 민주제를 지원하겠다고 공식 발표한 것이지요. 알렉산드로스 자신은 민주제를 지지하는 사람이 아니었음에도 불구하고 말입니다. 이것은 알렉산드로스가 그리스 인을 존중했다는 분명한 증거입니다. 또한 이 사실은 페르시아 복수전을 내세운 알렉산드로스가 페르시아와는 다른 정부 형태를 지원하겠다는 의지를 천명한 것이나 다름없지요.

김딴지 변호사   하지만 그라니쿠스 전투에서 최초로 승리를 거둔 후 알렉산드로스가 어떤 태도를 보였는지 아십니까? 피고는 그리스 인도 포함된 전쟁 포로들을 반역자로 지목하여 송환한 후, 트라키아의 판가에움 광산에서 죽을 때까지 강제 노역을 시켰지요. 전쟁 포로가 된 용병들은 그리스를 위한다는 알렉산드로스의 말이 새빨간 거짓임을 이내 알게 되었습니다.

판사   그래서 용병들은 어떻게 되었나요?

김딴지 변호사   피고에게 붙잡힌 용병들은 비참하게 강제 노동을 하다가 죽느니 차라리 싸우는 것이 더 낫다고 생각했지요. 아시아에서 활동 중인 그리스 용병들은 결국 페르시아를 위해 싸우는 것이 유리하다고 여겨 피고에 대항해 싸우게 되었습니다. 일이 이렇게 되자 밀레투스 전투 이후 알렉산드로스는 범그리스주의라는 명목도 거추장스럽게 여겨 태도를 바꿨습니다. 알렉산드로스의 본심이 그때야 드러난 것이지요.

판사   그 말이 사실인가요?

김딴지 변호사　　물론입니다. 기원전 333년 이수스 전투에서 승리한 후 한껏 고무된 알렉산드로스는 자신이야말로 마케도니아뿐 아니라 페르시아 제국을 이을 수 있는 진정한 상속자라고 주장하고 나섰지요. 당시 페르시아의 왕이었던 다리우스 3세가 정통 후계자가 아니고 실은 왕위 찬탈자에 지나지 않는다고 주장한 것입니다. 물론, 이 말이 완전히 틀린 것은 아니지만 중요한 것은 알렉산드로스가 페르시아 인의 지지를 얻기 위해 이 말을 했다는 것입니다. 언제는 그리스를 위한다더니 이제 스스로를 페르시아의 후예라고 말한 것이지요.

이대로 변호사　　아닙니다, 재판장님. 알렉산드로스는 페르시아를 정복하자마자 페르시아의 왕이었던 크세르크세스가 오래전 그리스로부터 빼앗은 문화재를 반환하여 그리스의 민심을 얻으려고 노력했습니다.

김딴지 변호사　　그럼, 한 가지 더 말하지요. 바로 다음 해인 기원전 330년 6월, 피고는 코린토스 동맹과 결별하지 않습니까? 피고는 코린토스 동맹군을 모두 그리스로 귀향시켰습니다. 이로써 피고는 범그리스주의라는 명분을 완전히 내던진 셈입니다. 페르시아 정복을 달성한 마당에 이제 더 이상 명분을 유지할 이유가 없어진 것이지요. 요컨대 동방 원정이 그리스를 위한다는 것도 거짓이었고, 아버지 필리포스 왕의 유지를 잇는다는 것도 명분에 불과했습니다. 이 명분은 왕위 계승에 대한 정당성을 얻기 위해 필요했던 것일 뿐이지요. 결론적으로 동방 원정은 피고 자신의 야망을 위한 것이었습니

다. 이상입니다.

　김딴지 변호사는 달변을 토한 후에 여유 있게 좌중을 돌아보며 자리에 앉았다.

판사　　피고 측, 다른 할 말이 있습니까?

이대로 변호사　　그, 그건…….

　이대로 변호사는 이마에 흐르는 땀방울을 닦아 내며 말을 잇지 못했다.

알렉산드로스는
어떻게 왕위를 계승했을까?

알렉산드로스의 아버지 필리포스는 페르시아 제국으로 원정을 떠나기 직전, 딸의 결혼식장에서 암살당했습니다. 이를 두고 한편에서는 부왕에게 밉보여 유배당한 알렉산드로스가 왕위를 잇지 못할 것을 두려워해 부왕을 죽였다고 수군댔습니다. 그렇게 수군댄 이유를 알아볼까요?

첫째, 알렉산드로스는 당시 암살자로 지목된 파우사니아스를 체포해 재판하지 않고 현장에 있던 친구 세 명을 시켜 범죄 현장에서 살해했지요. 그리고 후에 그 친구들 가운데 둘을 고위 관직에 등용했습니다.

둘째, 필리포스가 살해되기 전, 유배 명령이 풀려 왕궁으로 돌아온 알렉산드로스는 이복형 아르히데우스가 왕세자가 될까 늘 걱정했습니다. 그래서 형수가 될 카리아 총독의 딸이 자신과 결혼하도록 비밀리에 협상했지요. 그러자 필리포스가 이를 미리 알아차리고 이 협상의 주역인 알렉산드로스의 친구 다섯 명을 추방한 사건이 있었습니다. 그런데 이후 이들은 모두 알렉산드로스의 최측근이 되었지요.

셋째, 알렉산드로스의 어머니인 올림피아스도 한몫했습니다. 그리스의 철학자 플루타르크는 자신의 책에 "알렉산드로스의 이복형 아르히데우스는 병으로 바보가 되었다. 어려서는 장래가 매우 촉망되는 미소년이었으나, 올림피아스가 독약을 먹여 바보로 만든 것"이라고 기록했습니다.

이러한 이유들로 필리포스의 죽음을 둘러싸고 알렉산드로스가 아버지를 죽인 것이라는 음모론이 생긴 것입니다. 과연 누구의 말이 맞을까요?

2

데모스테네스는 알렉산드로스에 어떤 입장을 취했을까?

판사 자, 원고와 피고 측의 의견을 들으니 동방 원정이 어떤 성격을 담고 있는지 알 수 있었습니다. 그렇다면 이제 피고가 왕위 계승을 마무리 지은 후, 동방 원정을 떠날 때 그리스 본토와 아테네에서는 피고를 어떻게 생각하고 있었는지, 본 재판의 원고 데모스테네스의 행적과 관련하여 알아봅시다. 우선 원고 측부터 말씀하세요.

김딴지 변호사 한때 그리스에는 알렉산드로스가 죽었다는 소문이 퍼졌습니다. 물론 이것은 뜬소문일 뿐이었지요. 알렉산드로스는 곧 재기했습니다. 그리고 그때, 피고에게 강하게 반발하던 테베가 무자비하게 진압당했습니다. 이를 지켜본 원고 데모스테네스는 결단을 내렸습니다. 명분에 집착하기보다 실리를 택했던 것이지요. 당시 원고가 상황을 파악하는 안목은 탁월했습니다. 그래서 피고를 무조건

바티스

가자 지역의 지사입니다. 알렉산드로스는 트로이 전쟁 때 아킬레스가 헥토르를 전차에 매달고 성을 돈 행위를 모방하여 바티스에게도 같은 행위를 했습니다. 그러나 트로이 전쟁 당시 헥토르는 이미 사망한 상태였지요.

반대하는 것을 삼가고 오히려 피고와 대결하자고 주장하는 측과 정쟁을 벌이기까지 했지요. 이것을 두고 아테네에서 정치 투쟁이 벌어졌습니다. 그러자 피고는 즉각 아테네를 진압하면서 자신의 야만성을 그대로 드러냈습니다.

이대로 변호사 알렉산드로스는 아테네를 진압한 후 마케도니아에 대항하는 웅변가 여덟 명을 당장 자기에게 넘기라고 아테네에 요구했습니다. 비록 잠시 입장을 바꾸긴 했지만 애초에 마케도니아에게 대항했던 데모스테네스도 그 여덟 명에 포함되었지요. 그러나 아테네가 알렉산드로스에게 특사를 보내 탄원하자, 이를 너그럽게 받아들였습니다. 그런데 원고는 배은망덕하게도 은인을 고소한 것이지요. 쯧쯧.

김딴지 변호사 방금 알렉산드로스가 너그럽다고 했나요? 그가 얼마나 포악한지를 제가 증명해 보이겠습니다. 첫째, 그는 테베 시 전체를 한꺼번에 불살랐습니다. 둘째, 페니키아 티레 지역에서 전쟁을 치른 후, 그는 그곳의 상당수 시민을 해안에서 십자가형에 처했습니다. 셋째, 아랍인 지사 바티스가 피고에게 저항하자, 피고는 살아 있는 바티스를 수레에 매달고 죽을 때까지 성 주위를 돌게 했습니다. 군주인 자신에게 저항하는 것을 용납하지 않겠다는 경고의 뜻이 담긴 행위였다 할지라도 지나치게 잔혹한 처사였습니다.

판사 자자, 본 법정에서는 양측 모두 원고와 피고의 성품과 관련한 표현을 삼가 주세요.

이대로 변호사 원고 측 변호인은 원고가 피고를 무조건 반대하지는 않았다고 주장하지만 이는 사실과 다릅니다. 스파르타의 왕인 아기스가 코린토스 동맹에 대항하여 반란을 일으켰을 때, 원고 데모스테네스는 '알렉산드로스와의 조약에 대하여'라는 연설에서 아테네인에게 전쟁을 하도록 촉구했습니다.

김딴지 변호사 재판장님, 피고 측 주장은 디무니없게 사실과 다릅니다. 원고는 오히려 포키온과 데마데스와 함께 아테네 인에게 전쟁을 하지 말라고 조언했습니다. 저희는 피고 측에서 이 문서를 증거로 제시하리라 충분히 예상했습니다. 당시에는 원고가 아테네의 명분에 따라 무조건 마케도니아와 싸우자고 한 것으로 알려졌습니다. 이 때문에 원고는 억울하게 아테네 함락의 주범으로 몰렸고, 이것이 천추의 한으로 남은 것입니다. 하지만 피고가 증거로 내놓은 문서는 원고의 저술을 모방한 위작으로 밝혀졌습니다.

김딴지 변호사의 변론에 이대로 변호사는 몹시 당황했다.

김딴지 변호사 재판장님, 피고 측 변호사는 위작을 증거로 제출하여 데모스테네스를 악의적으로 왜곡했습니다. 새로운 증인을 모시고 당시 아테네의 상황을 살펴보는 것이 좋겠습니다. 새로운 증인으로 한때 데모스테네스의 친구였던 아이스키네스를 모시고자 합니다.

판사 알겠습니다. 증인 아이스키네스는 나와서 선서해 주세요.

아이스키네스 선서, 나는 진실만을 말할 것을 맹세합니다.

김딴지 변호사   증인, 자기소개를 부탁드립니다.

아이스키네스   나는 소크라테스의 열성적인 제자였습니다. 그래서 스승과 나눈 대화를 '대화편'으로 기록하여 스승의 참모습을 전하려고 애썼지요. 후일 데모스테네스가 아테네의 존립을 위협한다고 판단하여 마케도니아를 옹호했습니다. 나를 중심으로 하는 친마케도니아 세력은 데모스테네스의 지지자인 크테시폰을 기소하며 데모스테네스를 비롯한 반마케도니아 진영을 공격했습니다. 나와 데모스테네스 사이의 연설 대결은 어찌나 격렬했던지, 그리스 전역이 이 대결을 흥미진진하게 지켜볼 정도였습니다. 보통 재판에는 시민 배심원이 5백여 명 정도만 필요했으나, 다른 아테네 인, 심지어 외국인까지도 이 토론을 보기 위해 아테네로 몰려들었습니다.

아이스키네스의 자기소개에 방청석이 웅성거렸다.

"아니, 김딴지 변호사는 어쩌려고 자기 의뢰인과 대결했던 아이스키네스를 증인으로 신청한 거야?"

"어쩌려는지 한번 지켜보자고."

김딴지 변호사   증인은 데모스테네스에게 반대하고 크테시폰을 법원에 기소했지요? 그 이유가 무엇이었습니까?

아이스키네스   크테시폰이 기원전 336년 데모스테네스에게 황금관을 수여하자고 제안했기 때문입니다. 데모스테네스가 국가에 봉사한 것을 치하하자는 의도라나요? 어처구니없더라고요.

김딴지 변호사   다른 의도는 없었나요?

아이스키네스   다른 의도라니요? 나는 일평생을 아테네만을 위해 살았고, 아테네의 존립과 번영 외에 다른 것은 생각해 본 적이 없습니다.

김딴지 변호사   그래요? 기원전 336년 필리포스가 사망한 후에, 마케도니아의 세력이 약해지고 데모스테네스의 영향력이 커지자, 증인은 자신의 영향력이 줄어들 것을 우려했지요. 그러던 증인이 크테시폰을 기소한 것은 하필 기원전 330년에 이르러서입니다. 알렉산드로스가 승승장구하며 가우가멜라 전투에서 승리한 후이지요. 그런 시기를 틈타 데모스테네스를 공격한 증인의 행동을 어찌 기회주의적이라고 하지 않을 수 있겠습니까?

이대로 변호사   이의 있습니다. 지금 원고 측 변호인은 증인의 인격을 모독하고 있습니다.

판사   받아들입니다. 원고 측은 엄숙한 법정에서 예의를 갖춰 주세요.

김딴지 변호사   알겠습니다. 그럼 기소 내용은 무엇이었나요?

아이스키네스   데모스테네스는 결단력 없이 정책을 추진했고, 뇌물을 수수했으며, 전투 중에는 겁쟁이처럼 굴었습니다.

김딴지 변호사   증인의 말은 사실과 다릅니다. 오히려 데모스테네스는 연설을 할 때마다 과거 아테네가 위기에 처했을 때 누가 아테네를 위한 행동을 했는가를 몇 번이고 되풀이해 청중들에게 물었습니다. 증인에게 직접 "당신의 정책은 우리의 적이자, 곧 나의 적이며 나라의 적을 지지했다"라고도 말했다던데요. 원고는 수사학의 걸작이라는 유명한 연설인 '황금관에 관하여'에서 당신이 마케도니아의 첩자이며 아테네를 배반한 자라고 말했습니다. 또한 증인을 비열한 배신자이며 필리포스의 앞잡이라고 비난했고요.

아이스키네스　　적반하장이지요. 데모스테네스가 그리스를 위한다고요? 그렇다면 스파르타의 아기스가 아테네에게 공동으로 힘을 합쳐 마케도니아에 대항하자고 할 때, 데모스테네스는 왜 그 말을 따르지 않았습니까? 결과적으로 그리스가 마케도니아군에게 굴복한 것은 데모스테네스의 주장 때문입니다.

김딴지 변호사　　그리스에 그럴 힘이나 기회가 있었나요? 그 당시 마케도니아에게 반란을 일으키지 말라고 한 것은 원고의 신중한 처사라고 생각되는데요. 데모스테네스의 정책이야말로 그리스를 위한 것이었습니다.

판사　　김딴지 변호사, 그렇게 말하는 이유는 무엇입니까?

김딴지 변호사　　원고가 마케도니아에 대한 반란을 잠시 중지하라고 한 것에는 중대한 세 가지 이유가 있습니다. 먼저 당시 마케도니아는 이집트, 헬레스폰트, 보스포러스를 장악하고 있었기 때문에 아테네로 들어오는 곡물을 차단할 수 있다는 우려가 있었습니다. 그리고 테베, 코린토스, 칼키스에 마케도니아 수비대가 있었고요. 마지막으로 알렉산드로스의 군대에 복무하고 있는 아테네 병사들이 인질이 될 가능성이 있었기 때문입니다.

아이스키네스　　그럴듯하지만 나는 여전히 데모스테네스가 상황 판단을 잘못했다고 생각합니다.

김딴지 변호사　아닙니다. 증인이 아테네와 그리스 도시국가들의 동맹을 통해 알렉산드로스와 싸워서 결국 그리스가 멸망한 것 아닙니까? 다시 말씀드리지만, 원고는 피고가 페르시아를 물리쳤다는 사실을 듣고 현실을 인정할 수밖에 없었습니다. 그래서 마케도니아에 대항하는 것을 말린 것이지요. 상황을 오판한 사람이 있다면 바로 증인이지요. 스파르타의 아기스 왕이 마케도니아를 상대로 일으킨 전쟁을 한번 떠올려 보십시오. 그리스가 얼마나 무기력했습니까? 그건 그렇고, 기소 결과는 어떻게 되었지요?

아이스키네스　아쉽게도 기각되었습니다.

김딴지 변호사　정확히 말해 크테시폰과 데모스테네스는 자신들의 정당성을 입증함으로써 혐의를 벗었지요. 배심원의 판결은 아주 분명했고요. 데모스테네스와 그의 정책은 대중의 지지를 받아 수많은 표를 얻은 반면, 증인은 표의 5분의 1도 얻지 못해 망명해야만 했습니다. 이래도 계속 데모스테네스를 비난하시겠습니까?

이대로 변호사　이의 있습니다. 과거의 판단이 언제나 진리일 수는 없습니다. 원고 측은 주제를 벗어나 엉뚱한 이야기를 하고 있습니다. 즉각 중단시켜 주십시오.

판사　받아들입니다. 양측 변호사와 증인의 발언을 들어 보니, 무엇이 평화이고 마케도니아의 정복이 어떤 결과를 가져왔는지에 대해서는 평가와 해석이 엇갈리는 듯합니다. 그럼 원고가 피고의 정책에 대해 어떻게 반응했는지에 대해 알아봅시다. 원고 측 변호사, 먼

　왜 알렉산드로스는 동방 원정을 떠났을까?

저 이야기해 주세요.

김딴지 변호사 알렉산드로스가 집권할 때, 데모스테네스의 공적 활동은 아기스가 마케도니아에 대항하여 벌인 전쟁(B.C.331년~B.C.330년)과 황금관 재판(B.C.330년)이 있었던 때에 전환기를 맞았습니다. 기원전 330년부터 324년까지 전체 그리스 인은 마케도니아의 지배로 오히려 안정과 평화를 누리고 번영하였습니다. 원고도 이 기간에는 잠잠했지요. 그런데 하르팔로스 사건과 알렉산드로스의 추방자 송환 칙령을 계기로 데모스테네스는 활동을 재개했습니다.

판사 원고 데모테네스가 활동을 재개하게 된 원인에 대해 좀 더

섭정

군주가 직접 통치할 수 없을 때, 군주를 대신하여 나라를 다스리는 것을 말합니다. 또는 군주를 대신하는 사람을 이르기도 하지요. 인디파트로스는 알렉산드로스가 동방 원정을 간 동안 마케도니아를 대신 다스리던 섭정이었습니다.

자세히 설명해 주시지요.

김딴지 변호사　　네, 하르팔로스 사건은 기원전 324년 알렉산드로스의 재정 담당관이었던 하르팔로스가 상당한 돈과 인력을 갖고 아테네로 온 사건입니다. 이즈음 알렉산드로스는 추방자 송환 칙령을 내렸지요. 제국을 떠도는 용병들이 페르시아 편에 서면 위협이 되므로, 그리스가 이들을 받아들여야 한다는 것입니다. 이는 당장 많은 인구로 힘들어하는 그리스 도시국가들의 격렬한 분노를 일으켰습니다. 모든 그리스가 분노할 때 데모스테네스는 마케도니아에서 도망쳐 온 하르팔로스를 투옥하고 그가 가져온 돈을 몰수하자고 제안했지요. 데모스테네스는 알렉산드로스의 힘을 의식해 현실적인 방안을 선택한 것입니다.

이대로 변호사　　원고의 행동은 모순입니다. 원고는 곧 하르팔로스에게 뇌물을 받았다는 혐의로 기소되어 기원전 323년 3월, 재판에서 유죄 판결을 받았습니다. 이후 원고는 비겁하게도 아테네를 도망쳐서 알렉산드로스가 사망할 때까지 유랑길에 오릅니다.

판사　　그러면 알렉산드로스의 동방 원정 때 데모스테네스는 어떤 반응을 보였습니까?

김딴지 변호사　　섭정 안티파트로스 치하에서 아테네는 잠잠했습니다. 당시 데모스테네스는 공식적인 사면을 받고 아테네로 돌아왔습니다. 그런데 알렉산드로스가 기원전 323년 6월에 사망하자, 아테네는 히페리데스를 필두로 군대를 일으켜 마케도니아에 대항했지요.

이를 라미아 전쟁이라고 하는데, 여기에 스무 개 이상의 도시들이 연합하여 섭정 안티파트로스에게 반기를 들었습니다.

판사 라미아 전쟁이 갖는 의미는 무엇인가요?

김딴지 변호사 안티파트로스가 기원전 323년 8월에 크라논 전투에서 그리스를 완전히 제압함으로써, 그리스는 회생이 불가능한 상태에 빠져들었습니다. 그리스의 정치적 자유와 독립을 매장하는 관에 못질을 한 것은 기원전 338년의 카이로네아 전투가 아니라, 마케도니아의 승리로 끝난 기원전 322년의 라미아 전쟁이었습니다. 전쟁 후 데모스테네스와 히페리데스는 사형을 선고받아 망명길에 올랐고, 급기야 원고 데모스테네스는 독약을 먹고 자살했습니다.

그때가 떠오르는지 데모스테네스의 얼굴이 어두워졌다. 김딴지 변호사는 원고를 한번 쳐다본 후 발언을 계속했다.

김딴지 변호사 이상에서 판단해 볼 때 데모스테네스는 필리포스에 대한 저항으로 정치적 입지를 다졌고, 필리포스가 사망하자 그리스가 마케도니아의 지배에서 벗어날 기회라고 판단하여 대항했습니다. 그러나 알렉산드로스 시대에는 그리스의 자치가 불가능하다고 판단하여, 아테네 인에게 마케도니아에 대항하려는 스파르타의 왕 아기스를 도와주지 말라고 조언했던 것이지요. 물론 그의 말을 듣지 않고 아이스키네스 등이 추동한 스파르타 동맹군의 반란은 무참하게 진압되었습니다. 생존을 위해 명분과 실리 중 무엇을 택해야

했을까요? 알렉산드로스 시대에 타협적인 외교 정책을 추구한 것은 데모스테네스의 현실적인 판단이었습니다. 이상입니다.

판사　오늘 재판에서 두 변호사의 변론과 증인들의 말을 들어 보니 본 사건의 윤곽이 잡히는군요. 첫째 날 재판에서 필리포스가 그리스의 통합을 이룬 것이 그리스의 자유를 위한 것인지, 아니면 마케도니아를 위한 것인지에 대해 논쟁했습니다. 오늘 재판에서는 알렉산드로스의 동방 원정을 살펴봤는데, 필리포스의 암살과 알렉산드로스의 왕위 계승, 동방 원정은 일정 부분 관련이 있더군요. 이제 시간이 다 되었으니 오늘 재판은 이것으로 마치겠습니다. 일주일 뒤에 있을 세 번째 재판에서 알렉산드로스의 동방 원정과 동방 정책의 이모저모를 알아보겠습니다. 거기서 데모스테네스가 알렉산드로스를 왜 반대했는지 결론을 내리면 되겠군요. 그럼 오늘 재판은 이것으로 마칩니다.

땅, 땅, 땅!

다알지 기자

시청자 여러분 안녕하세요. 역사공화국 법
정 뉴스의 다알지 기자입니다. 데모스테네스 대
알렉산드로스의 오늘 재판에서는 알렉산드로스의
동방 원정을 조사해 봤는데요. 피고 알렉산드로스의 부왕 필리포스의
암살과 알렉산드로스의 왕위 계승, 동방 원정은 일정 부분 관련이 있
음을 알 수 있었습니다. 원고 측은 알렉산드로스가 자신의 야망과 정
복욕을 채우기 위해 동방 원정을 떠났다고 주장했고요. 이에 피고 측
은 그리스를 대표해 페르시아에 복수하는 것이 동방 원정의 목적이었
다고 반박했지요. 양측의 주장이 엇갈리고 있는데 양측 변호인을 모시
고 이야기를 들어 보겠습니다.

김딴지 변호사

동방 원정이 그리스를 대신해 페르시아에 복수한 것이라고요? 천만의 말씀! 알렉산드로스 대왕은 기원전 325년 그리스의 중심 국가인 테베를 완전히 파괴했습니다. 페르시아의 페르세폴리스 궁을 불태운 것 또한 그리스에 대한 복수가 아니라 정복자로서의 위용을 과시한 것일 뿐이지요. 피고는 말로만 그리스를 위한다고 했을 뿐입니다. 그 증거가 바로 아시아의 왕이 되었을 때 마케도니아와 그리스 궁정 이외에 페르시아 궁정도 마련한 것이지요. 게다가 피고는 옷도 페르시아 왕의 의복을 수정해서 입었습니다. 도무지 그리스 인의 정체성은 찾아볼 수 없었지요.

이대로 변호사

아닙니다. 알렉산드로스 대왕이 동방 원정을 떠난 것은 한마디로 필리포스 왕의 유지를 받든 '범그리스 복수전'이라고 할 수 있습니다. 기원전 480년, 아케메네스 왕조가 그리스 신전을 불태운 것에 복수하기 위해 알렉산드로스 대왕이 아케메네스 왕조의 페르시아 의식 수도인 페르세폴리스 궁을 불태운 것만 보더라도 알 수 있습니다. 당시 그리스 내부의 비극을 해결할 사람은 마케도니아의 알렉산드로스 대왕밖에 없었습니다.

알렉산드로스와 그의 아버지

강대하던 페르시아 제국을 무너뜨린 알렉산드로스는 위대합니다. 하지만 알렉산드로스에게 터전을 닦아준 아버지 필리포스 2세가 없었다면 그도 큰 제국을 이룰 수 없었을지 모릅니다. 알렉산드로스와 그의 아버지 필리포스 2세와 관련된 유물을 보며 그들이 살던 시대를 떠올려 볼까요?

필리포스 2세 메달

마케도니아의 왕이자 알렉산드로스의 아버지인 필리포스 2세는 마케도니아의 기초를 다졌답니다. 암살되기 직전까지 나라의 힘을 키우고자 노력하였고, 페르시아 원정을 준비하였지요. 사진 속 유물은 필리포스 2세의 두상이 새겨진 황금메달이에요. 동그란 판 위에 튀어나와 보이도록 얼굴 옆모습을 새긴 형태이지요. 기원전 2세기경에 만들어진 것으로 보입니다.

필리포스 2세의 왕관과 관

알렉산드로스의 아버지 필리포스 2세의 묘가 발견되었는데, 사진 속 유물은 이곳에서 발견된 것입니다. 고대 그리스 방식의 테라코타를 이용해서 만들어진 관과 필리포스 2세의 황금 왕관이에요. 관은 작은 황금 상자 형태로, 마케도니아 왕의 상징인 태양의 문장이 윗면을 큼직하게 장식하고 있답니다.

알렉산드로스의 메달

로마 제국에서 만든 알렉산드로스의 메달이에요. 위대했던 알렉산드로스를 기억하며 만든 유물이지요. 하늘을 올려다보며 방패로 앞을 막고 있는 알렉산드로스의 모습이 새겨져 있어요. 동그란 메달에 양각되어 있는 것이 특징이에요. 오랜 시간 전장을 누비며 갑옷을 입고 있던 알렉산드로스의 일생을 짐작할 수 있습니다.

알렉산드로스의
동방 정책은 성공했을까?

1. 페르시아 제국은 왜 쉽게 무너졌을까?
2. 알렉산드로스의 동방 정책은 어떠했을까?
3. 알렉산드로스의 동서 융합 정책은 성공했을까?

페르시아 제국은
왜 쉽게 무너졌을까?

판사   오늘이 마지막 재판 날이군요. 오늘 재판에서 양측은 동방 원정이 진행된 과정과 동방 정책에 대해 변론하기 바랍니다. 먼저 원고 측부터 시작해 주시지요.

김딴지 변호사   존경하는 재판장님, 배심원 여러분. 피고는 처음부터 범그리스 복수전이라는 대의를 지킬 생각이 없었습니다. 페르시아를 정복한 다음에도 계속 원정이 이어졌으니까요.

판사   원고 측 변호인, 그에 대해 보다 자세히 설명해 주세요.

김딴지 변호사   역사책에서는 피고 알렉산드로스를 그리스 복수전을 위해 동방 원정을 단행한 위대한 정복자이자 동서 문화를 융합한 이상적인 군주로 그리고 있지요. 하지만 알렉산드로스의 진짜 얼굴은 전쟁에 굶주린 무모하고 잔인한 정복자입니다. 이를 입증해 줄 증인, 다리우스 3세를 모시고자 합니다.

판사 다리우스 3세는 증인석으로 나와 증인 선서를 해 주세요.

다리우스 3세 나, 다리우스 3세는 세계사법정에서 진실만을 말할 것을 맹세합니다.

김딴지 변호사는 다리우스 3세에게 다가가 가볍게 목례를 하고는 질문을 시작했다.

김딴지 변호사 바쁘실 텐데 증인으로 나와 주셔서 감사합니다. 간략하게 자기소개를 해 주시겠습니까?

다리우스 3세 나는 위대한 페르시아 제국에서도 왕 중의 왕이라 불리는 다리우스요. 역사는 나를 왕위를 찬탈한 파렴치한으로 취급했소. 게다가 알렉산드로스에게 패한 것 때문에 역사의 패장, 혹은 졸장으로 낙인찍혀 저승에서도 눈을 감을 수 없었소. 세계사법정에서 나의 명예를 회복할 수 있게 되기를 바라오.

김딴지 변호사 여부가 있겠습니까! 억울한 사람의 원한을 풀어 주고 아픈 자의 눈에서 눈물을 닦아 주는 일이 바로 저희 같은 변호사의 사명이 아니겠습니까!

다리우스 3세 말만 들어도 고맙구려. 나는 박복한 사람이오. 역사는 나를 페르시아 아케메네스 왕조의 아르타크세르크세스 3세의 왕위를 찬탈한 놈으로 기록했고, 패전의 멍에 또한 고스란히 안겨 주었소. 우리 페르시아가 알렉산드로스에게 패한 것은 알렉산드로스

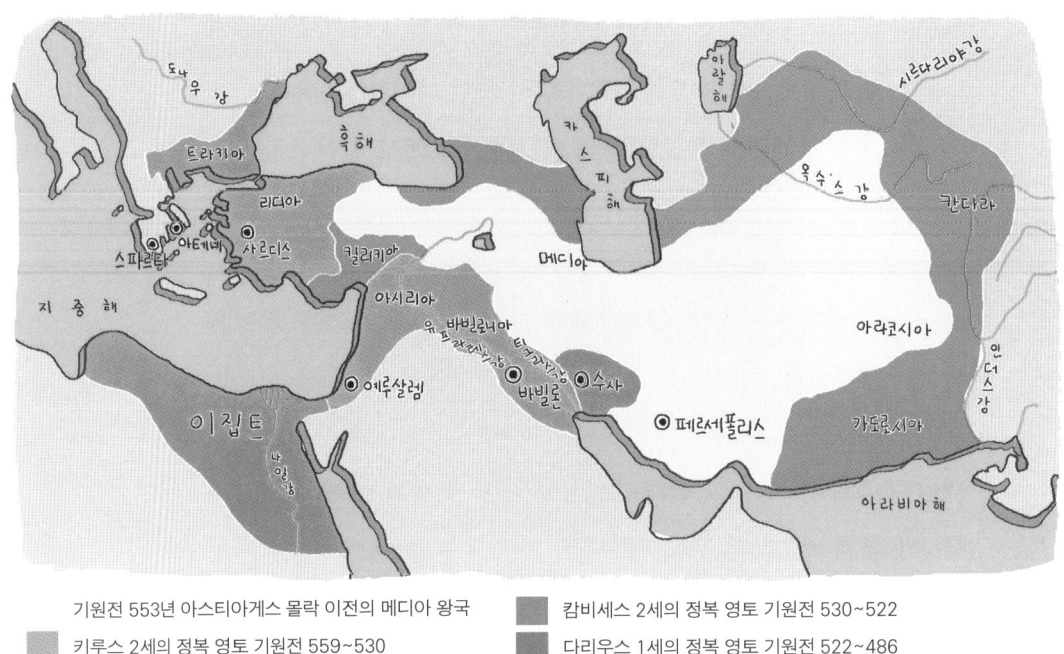

기원전 553년 아스티아게스 몰락 이전의 메디아 왕국

캄비세스 2세의 정복 영토 기원전 530~522

키루스 2세의 정복 영토 기원전 559~530

다리우스 1세의 정복 영토 기원전 522~486

가 위대해서라기보다 당시 페르시아 제국에 심각한 문제가 있었기 때문이오.

김딴지 변호사　페르시아 제국의 문제란 무엇인가요?

다리우스 3세　전성기인 다리우스 1세 때만 해도 페르시아 제국의 동쪽 변경에는 인더스 강이 있었는데, 내가 통치하던 시절에는 동쪽 변경이 힌두쿠시 산맥으로 영토가 줄었소. 동쪽 변경의 일부를 잃어 버린 것이지. 나는 이 자리를 빌려 강조하고 싶소이다. 꽃이 피면 시드는 법! 아케메네스 왕조는 이미 기원전 370년대 후반부터 쇠약해지고 있었소. 그런데 왜 내게 모든 잘못을 뒤집어씌우는 거요?

페르시아 제국은 이제 지는 해로구나.

김딴지 변호사   증인, 지금 그 말씀은 왠지 변명처럼 들리는데요.

다리우스 3세   들어 보오. 내가 왕위를 이어받기 전인 기원전 405년, 이미 페르시아 제국의 국운은 사그라지고 있었소. 페르시아의 식량 공급원이던 이집트는 반란을 일으킨 후 약 60년간 독립을 유지했지. 그리고 아르타크세르크세스 2세와 3세 당시, 페르시아 인 총독들이 곳곳에서 반란을 일으켰소. 이미 제국은 전성기를 지나왔고 오히려 내가 왕위에 오른 뒤에는 이런 반란이 잠잠해졌다오.

김딴지 변호사   아, 그렇군요. 뭐 역사가들이란 흔히 승리한 자를 주인공으로 기억하기 마련이지요. 데모스테네스에 관해 남아 있는 자료가 온통 그에게 불리한 자료투성인 것도 같은 이유이겠지요.

다리우스 3세　　내 말이 바로 그 말이오. 말하자면 역사의 기록들이란 모두 저기 있는 알렉산드로스에게 유리한 것들뿐이란 말이지요. 게다가 일부 사람들은 페르시아에는 오직 한 사람의 지배자만이 있고 나머지는 노예라고 알고 있으니 답답하기 짝이 없소. 게다가 알렉산드로스는 이를 교묘히 이용했소.

판사　　그게 무슨 말인가요?

다리우스 3세　　페르시아의 행정 전문 용어로만 본다면 심지어 총독도 대왕의 '노예'라 말할 수 있다오. 그리스 인은 이 노예라는 말을 대왕을 제외한 페르시아 인 전체를 지칭하며 사용했소. 알렉산드로스도 분명 이렇게 사용했지. 그래서 그리스 동맹군들은 페르시아를 노예 왕국으로 믿어 버렸소. 실상 페르시아 제국은 막강한 권한의 군주가 다스리는 노예 왕국이었던 적이 없소이다. 지금 생각해 보면 알렉산드로스는 그리스 인의 지지를 얻고 우리 페르시아를 흠집내기 위해 고도의 선전전을 펼친 거지.

　　다리우스 3세는 멍하니 위를 쳐다보며 과거의 영광을 회상하는 듯했다.

김딴지 변호사　　증인은 여러 번 패배를 경험했는데, 패인의 원인은 무엇이라고 생각합니까?

다리우스 3세　　알렉산드로스와의 결전에서는 국제적 감각이 있는 그리스 용병의 태도가 승패를 결정했소. 내게 충성을 맹세하던 그리스 용병들은 그렇게 쉽게 무너질 만한 상대가 아니었다오. 그런데 전쟁에서 패한 것을 보면 용병들이 아무리 페르시아를 위해 뭉쳤다해도 같은 그리스 인과 전쟁을 치르는 것을 꺼리지 않았었나 하는 생가이 든다오. 돌이켜 보면 용병들을 너무 믿었던 깃이 페르시아 제국의 결정적 패인이었던 것 같소.

김딴지 변호사 존경하는 재판장님, 그리고 배심원 여러분. 이 말을 잘 들어 주십시오. 페르시아는 고질적으로 용병이 문제였습니다. "아무리 강한 나라라도 조국을 위해 목숨을 바칠 건강한 군대가 없다면 그 나라는 흥할 수 없다"는 것이 역사의 교훈이지요. 천년의 제국인 로마 제국 역시 그러했습니다.

판사 로마도 결국 군대가 무너지면서 멸망의 길을 걸었다는 얘기를 들은 적이 있는데요.

김딴지 변호사 그렇습니다. 도시국가에서 출발한 로마가 마침내 거대한 제국으로 성장할 수 있었던 동력은 다름 아닌 '시민병 제도'였습니다. 그런데 오랜 전쟁을 거치면서 승리의 주역이었던 시민병이 몰락하고, 대토지 소유제가 나타났습니다. 그리고 군대는 게르만 용병에게 맡겼던 것이지요. 결국 로마를 멸망시킨 장본인은 게르만 용병 대장 오도아케르였습니다. 판사님, 저는 여기서 확실히 말하고 싶습니다. 페르시아가 멸망한 것은 결코 알렉산드로스가 위대해서가 아닙니다. 페르시아 제국의 구조적인 문제가 페르시아의 결정적 패인이라고 봅니다. 이상입니다.

이대로 변호사 재판장님, 이제 제가 증인을 신문해도 될까요?

판사 그러세요.

이대로 변호사 페르시아를 멸망하게 하고도 변명으로 일관하고 있군요. 이것만으로도 다리우스 3세는 무능한 황제임이 자명해지네요. 비겁하게도 전투에서 도망친 황제라는 명성에 참 어울립니다. 증인은 페르시아 멸망의 책임을 용병에게 돌렸지요?

다리우스 3세 그렇소. 그게 사실이니까.

이대로 변호사 증인과는 달리 알렉산드로스가 군대의 충성을 이끌어 낸 모습은 그야말로 절묘했습니다. 그라니쿠스 전투 이후 포로인 그리스 용병들을 반역자로 지목하여 그리스로 송환했고, 이후 트라키아의 판가에움 광산에서 죽을 때까지 강제 노역을 시켰습니다. 강제 노역을 하던 용병들이 반발하자, 알렉산드로스는 그들과 협상한 끝에 충성 맹약을 받고 그들의 지지를 이끌어 냈습니다. 이상으로 볼 때 군대는 지휘자 하기 나름이 아닐까요? 용병들을 탓하는 것은 못난 패배자들이나 하는 짓입니다.

다리우스 3세 아니, 그게 아니라…….

이대로 변호사 제가 보기에 피고 알렉산드로스의 군인으로서, 전략가로서의 위대함은 증인과 비교할 수 없습니다. 알렉산드로스가 얼마나 뛰어난 전략가였는지를 잘 보여 주는 사례가 있습니다. 기원전 334년 5월, 그라니쿠스 전투는 페르시아 제국의 운명을 갈랐다고 해도 과언이 아닙니다. 알렉산드로스의 위용이 그때만큼 빛난 적이 없지요. 그라니쿠스 강은 깊고 물살이 빨랐으며 강둑이 험준했습니다.

그런데 전략적으로 우위를 보이던 페르시아군은 그냥 기다렸지요.

다리우스 3세   그리스 인은 보통 적을 포위하고 적이 굶주려 항복할 때까지 기다리는 지구전을 택했기 때문에 으레 이번에도 그러리라 생각했던 것뿐이오.

이대로 변호시   하지만 이것은 결정적으로 잘못된 판단이었습니다. 알렉산드로스는 자신의 최대 장기인 결단력을 내보여 적의 허를 찔렀습니다. 강을 건너는 정공법을 택했으니까요. 전투 중 부상을 입었으나, 용맹하게 진두지휘해 군의 사기를 높인 것도 승리의 원동력이었습니다. 이후에는 승승장구할 수 있었지요.

판사   피고 알렉산드로스는 페르시아군이 예측할 수 없는 전술을 써서 승리할 수 있었다는 말이군요.

이대로 변호사   그렇습니다. 이뿐만이 아닙니다. 피고 알렉산드로스는 동방 원정에 반신반의하던 소아시아 그리스 도시국가들의 지지를 얻으려고 고도의 선전술도 적극 활용했습니다. 즉 페르시아의 압제에서 해방될 그리스 도시국가들의 민주제를 지원하겠다고 공식적으로 발표한 것이지요. 증인이 패인을 용병 탓으로 돌리는 것은 자신이 졸장임을 스스로 증명하는 것밖에 되지 않습니다.

다리우스 3세   다 못난 지휘관들 때문이었지. 그때 본때를 보였더라면…… 흑흑.

이대로 변호사   아니, 이제는 또 지휘관들을 탓하십니까? 그야말로 졸장의 표본이라 할 수 있군요. 증인께서는 장수의 자격조차 없습니다. 왜냐하면 전장에서 도망쳤으니까요. 그것도 두 번씩이나요. 수많

은 병졸은 그렇다 치고, 심지어 처자도 버리지 않았습니까? 이러니 역사가들이 증인을 겁쟁이라고 할 수밖에요. 증인이 이런 모습을 보인 이유가 무엇일까요? 바로 증인에게 정통성이 없었기 때문입니다. 증인은 어떻게 왕이 될 수 있었습니까?

김딴지 변호사　재판장님, 증인의 왕위 계승은 본 건과 무관합니다.

판사　증인이 부당하게 왕위를 차지했다는 말인가요?

이대로 변호사　그렇습니다. 증인은 환관 **바고아스**의 음모로 왕위에 올랐지요. 증인은 페르시아 제국의 정통 후계자가 아니라 왕위 찬탈자입니다.

다리우스 3세　　그건 페르시아의 전통을 모르고 하는 말이오. 나 다리우스 3세는 이전 왕의 먼 친척이었소. 나는 아르타크세르크세스 3세를 폐위시키고 수석 환관 바고아스의 도움으로 정식으로 왕위에 올랐다오.

이대로 변호사　　증인, 기원전 330년, 아테네의 정치가인 아이스키네스가 증인을 조롱한 글을 들어 보겠습니까? "해가 뜰 때부터 해가 질 때까지 이 세상의 땅과 바다를 지배한다면서 그리스 사람들에게 땅과 바다를 요구한 것이 페르시아의 왕이 아니었던가? 그런데 그 왕이 이제 온 세상의 소유권을 지키기 위해 싸우는 것이 아니라, 그 자신의 한 목숨을 지키기 위해 싸우고 있지 않은가?" 어떠신가요? 이상으로 증인 신문을 마칩니다.

다리우스 3세　　…….

바고아스
페르시아의 환관입니다. 기원전 338년, 바고아스는 아르타크세르크세스 3세를 죽이고 2년 후에는 그의 아들까지 죽였지요. 그리고 자신이 마음대로 왕을 다루기 위해 왕기의 먼 친척인 다리우스 3세를 왕위에 올렸습니다. 하지만 다리우스는 바고아스의 영향에서 벗어나겠다고 선언했고, 이에 바고아스는 다리우스에게 독배를 주었지만, 오히려 자신이 죽고 말았습니다.

2 알렉산드로스의
동방 정책은 어떠했을까?

판사 알렉산드로스의 동방 원정이 어떤 의미를 지니는지 서서히 밝혀지는 듯합니다. 인간의 행위는 복잡한 것이지요. 게다가 한 인간의 삶은 한순간에 정해져서 초지일관 지켜지는 경우도 있지만, 성장하는 과정에서 변하기도 합니다. 나는 이쯤에서 알렉산드로스가 동방 원정의 대의를 초지일관 지켰는지 궁금합니다. 그러한 의미에서 알렉산드로스의 동방 정책에 대해 이야기해 봅시다. 그래야만 동방 원정의 전모를 알 수 있으니까요.

이대로 변호사 좋습니다. 알렉산드로스의 동방 정책이 무엇이었는지를 알면 이 모든 오해가 말끔히 없어질 듯합니다. 제가 먼저 변론해도 되겠습니까?

판사 그렇게 하세요.

이대로 변호사　알렉산드로스는 우선 옛 페르시아 제국의 전통적인 엘리트 통치 계급을 포용하여 새로운 마케도니아 지배자들과 화해시키려는 정책을 추구했습니다. 다시 말해 새로운 행정 구조와 틀 속에 페르시아 제국의 전통적 통치 기술과 위엄을 접목시킬 수 있다고 믿었지요. 이것이 동방 정책의 핵심입니다.

김딴지 변호사　범그리스 복수전이라는 명분은 이미 사라지고 없었군요.

이대로 변호사　알렉산드로스는 페르시아 제국을 정복하면서 그리스의 한계를 깨달았습니다. 그리스 인은 자기네만이 신으로부터 선택받은 우월한 민족이라는 선민의식을 도저히 극복할 수 없다는 것이었지요.

분립주의
나라와 민족 등을 모두 따로따로 갈라놓는 경향을 말합니다.

대의 정치
구성원 개개인을 대신해 나라나 단체의 대표를 뽑아 정치나 국가 행정에 관계된 일을 맡아 보게 하는 것입니다.

김딴지 변호사   판사님, 피고 측 변호사는 지금 그리스를 모함하는 말을 했습니다.

판사   이대로 변호사, 알 만한 분이 왜 자꾸 그럽니까?

이대로 변호사   제 말을 끝까지 들어 보시면 알렉산드로스의 정책이 왜 탁월했는지 금방 알게 되실 겁니다. 페르시아 제국과 그리스는 통치 제도가 크게 달랐습니다. 페르시아 제국은 제국으로서의 위용과 조직의 장점을 가지고 있었지만, 그리스는 폐쇄적이었습니다.

판사   구체적으로 어떻게 달랐습니까?

이대로 변호사   그리스 도시국가들은 전통적으로 분립주의의 특성을 가지고 있었습니다. 도시 자치에 대한 열정, 대의 정치가 아닌 직접 통치의 관행 등이 그리스 정치의 기본 요인인 셈이지요. 그리고 공동체가 투표하고 다수의 결정을 전체가 받아들여야 한다는 원칙이 최초로 제시된 것이 그리스입니다. 그 결과 그리스에는 전제 군주정 아래서는 결코 볼 수 없었던 새로운 정치 활동이 나타났지요. 하지만 그리스 인에게는 끊임없는 분파 갈등이라는 숙명적인 문제가 있었습니다. 이를 극복하는 것이 알렉산드로스의 이상이었지요. 동방 원정은 알렉산드로스가 폐쇄적인 그리스에 새로운 전망을 제시한 것이라고 할 수 있습니다.

판사   그 이상이란 것이 구체적으로 어떻게 나타났나요?

이대로 변호사   기원전 331년 가우가멜라 전투에서 승리한 직후, 알렉산드로스는 페르시아의 아케메네스 왕조의 적법한 계승자를 자처

했지요. 이는 다리우스 3세를 살해한 베수스를 페르시아 식으로 처형하면서 그대로 드러났습니다. 즉 베수스의 귀와 코를 훼손시키면서 페르시아 인에게 자신이 페르시아의 왕이고 자신에게 반역하면 페르시아의 방식에 따라 처벌될 것임을 만방에 선포한 것이었습니다. 바로 왕으로시 권위를 지키고자 한 것입니다.

김딴지 변호사　왕으로서 권위를 세운 것이라고요? 제가 보기엔 자신에게 도전하는 자에게 어떤 대가가 돌아갈지를 톡톡히 보여 준 것 같은데요.

이대로 변호사　끝까지 들어 보십시오. 알렉산드로스는 한 걸음 더 나아가 페르시아 궁중과 마케도니아 궁중을 통합하려고 했습니다. 예를 들어 알렉산드로스는 마케도니아 인에게 복배 혹은 경배 의식인 프로스키네시스 의식을 행하라고 요구했습니다. 복배는 페르시아 궁중에서 계급과 관계없이 지배자인 왕에게 하는 사교적인 예절이었습니다. 평민은 사지를 땅에 붙이고 엎드려 절했고, 엘리트 계급은 무릎을 꿇고 고개를 숙였습니다.

판사　그리스와 마케도니아에서 그에 대한 반발은 없었습니까?

이대로 변호사　당연히 있었습니다. 하지만 모든 정책에는 지지와 반발이 있게 마련이지 않습니까? 편협한 생각에 사로잡힌 그리스 인은 말할 것도 없고, 기득권을 가진 마케도니아 인도 그의 깊은 뜻을 이해 못 했지요.

김딴지 변호사　지나치게 동방 정책을 미화하는군요. 그리스 인이 볼 때 프로스키네시스 의식은 신을 예배하는 몸짓이었습니다. 그리스 인은 원래부터 페르시아 인을 열등하다고 생각했는데, 페르시아 를 정복한 마당에 피정복민인 페르시아 인의 방식을 따르는 것을 굴욕으로 여겼겠지요.

이대로 변호사　꼭 그렇지만은 않습니다. ▶알렉산드로스의 동방 정책으로 유명한 것이 합동결혼식입니다. 기원전 324년 수사에서 알렉산드로스와 박트리아의 공주 록사나를 포함한 합동결혼식이 있었지요. 또한 사실상 혼인 관계에 있는 1만 명의 마케도니아 병사들의 결혼을 인정하면서 각 부부들에게 결혼 선물을 하사했습니다.

김딴지 변호사　흠, 그 결혼이 과연 축복받은 결혼이었을까요? 동서 융합 정책이라……. 거참, 말 한번 멋지네요. 하지만 알렉산드로스가 합동 결혼으로 의도한 것이 동서 융합뿐일까요?

판사　김딴지 변호사는 마치 합동 결혼에 다른 목적이라도 있다는 듯이 말하는군요.

김딴지 변호사　물론입니다. 그 의도는 바로 페르시아와 마케도니아의 혼혈아를 낳는 것이었습니다. 알렉산드로스가 강제로 결혼을 시킨 마케도니아 병사들은 이후 강제로 제대 조치되었고, 마케도니아로 돌아가라는 명령을 받았습니다. 하지만 그들이 동양 여인들과 낳은 아이는 군대의 자녀이므로 마케도니아로 데려갈 수 없었지요. 특히 남자아이의 경우는 장차 새로운 제국의 군인이 될 것이란 계산이 있었습니다. 가족 사이에 이렇게 잔인한 이별을 하게 만들어 놓고 동서 융합 정책이라는 말로 꾸미면 된다는 말입니까?

판사 알렉산드로스는 이런 반발에 대해 어떻게 대응했나요?

이대로 변호사 그리스 인이나 마케도니아 인 가운데 일부는 알렉산드로스를 미워했어요. 세상일이란 게 그렇지요. 아마 오랫동안 그리스 인을 지배한 사고방식과는 다른 방식을 채택한 데 대한 반발이었겠지요. 알렉산드로스는 동방 정책에 모든 것을 쏟아부을 준비가 되어 있었습니다. 그 과정에서 지지자들을 계속 임용하는 정책을 취했지요. 물론 일부 반대파는 배제했습니다.

김딴지 변호사 재판장님, 독재자로서 알렉산드로스의 모습은 여기서 서서히 드러났습니다. 자신에게 철저히 복종하는 사람만을 끌어들인 것입니다. 그리스 인에게는 상상조차 할 수 없는 일이었습니다. 알렉산드로스는 자신의 측근을 믿지 못한 나머지 여덟 명이나 되는 총독을 무더기로 폐위시키고, 절친한 친구들을 처형했거든요. 테베를 파괴한 이후 알렉산드로스는 부하들이 반역을 꾀할지도 모른다고 불안해했지요.

판사 실제로 알렉산드로스의 군대가 그의 명령을 따르지 않은 사례가 있던 걸로 아는데요?

김딴지 변호사 네. 처음에 군대는 대왕의 위세와 권위 앞에 순종했습니다. 하지만 기원전 327년, 지금의 파키스탄과 카슈미르 지역으로 인도 정벌에 나선 직후 마케도니아 군대는 더 이상 동쪽으로 나가는 것을 거부했습니다. 게다가 알렉산드로스의 친구인 하르팔로스가 그리스로 거액의 돈을 가지고 도망쳤지요. 오죽하면 제국의 재무 장관이 도망갔겠습니까? 하르팔로스가 가져간 이 돈은 알렉산드로스가 사망한 직후인 기원전 323년 여름, 그리스 인이 마케도니아를 상대로 봉기할 때 사용된 것으로 보고 있습니다.

김딴지 변호사가 알렉산드로스 대왕의 동방 정책에 대해 신랄하게 비난하자, 이대로 변호사가 한 발짝 걸어 나왔다.

판사 피고 측 변호사, 이런 반발을 받으면서도 알렉산드로스가 동방 정책을 강행한 이유는 무엇인가요?

왜 알렉산드로스는 동방 원정을 떠났을까?

이대로 변호사 　그것은 동방 정책이야말로 피고 알렉산드로스의 필생의 계획이었기 때문입니다. 처음에는 알렉산드로스도 원정이 13년이나 이어질지 몰랐지요. 하지만 전쟁이 차츰 길어지자 그는 전쟁 중에도 군대에서 부부가 함께 생활하도록 했습니다. 뿐만 아니라 집에서 부리는 노예들까지 데려가게 했고, 군대의 노예들에게는 식량 및 물자의 보급을 맡겨 군사들이 편하게 지낼 수 있도록 지원했지요. 그 결과 기원전 325년, 야영지에서 태어난 신생아 수가 1만 명 정도였습니다. 동서양의 문화도 융합되고, 미래의 병력 자원도 확보할 수 있는 그야말로 '꿩 먹고 알 먹고' 식의 지혜로운 정책이었지요. 이 모두가 피고 알렉산드로스의 세계 정복이라는 대의 아래 나온 것입니다.

김딴지 변호사 　대의는 무슨 대의입니까? 이는 오히려 그가 독재자임을 여실히 보여 주는 것입니다. 또 그는 부하들이 반발하자 명령을 어긴 것을 괘씸하게 여긴 나머지 아주 힘든 행군을 시키기도 했습니다. 평탄한 길을 두고 뜨거운 사막을 통과하게 한 것이지요. 그 결과 군인의 상당수가 사망하거나 질병에 시달렸습니다. 군의 사기는 극도로 떨어졌고, 알렉산드로스 제국은 더 이상 나아가기 어려웠습니다. 어찌 보면 갑작스런 그의 죽음도 이런저런 반발에 직면한 필연적인 결과로 볼 수 있겠습니다.

이대로 변호사 　아닙니다, 재판장님. 알렉산드로스는 그리스의 편협한 사고를 뛰어넘어 인류 전체를 하나의 세계 속 시민으로 여기는 세계 시민 사상을 지녔던 인물입니다. 그래서 동서 문화를 융합해

헬레니즘을 꽃피웠지요. 한마디로 그는 혈통과 인종을 뛰어넘는 제국을 건설했습니다. 하지만 안타깝게도 세상이 이를 알아주지 못한 거지요.

김딴지 변호사　　아닙니다. 그는 단순한 정복자였을 뿐입니다. 이것은 알렉산드로스가 페르시아를 정복한 과정에서 분명히 드러납니다. 알렉산드로스는 성질이 불같았고, 술에 취하면 친한 친구를 죽이기도 했습니다. 결코 점잖거나 선량한 사람이 아니었습니다. 알렉산드로스가 세계 시민 사상을 가지고 있었다니요? 얼토당토않습니다. 오히려 알렉산드로스의 동서 융합 정책으로 그리스는 고유의 문화와 색깔을 잃어버리고 말았습니다. 알렉산드로스가 죽자 서서히 침몰하던 그리스는 결국 로마에 정복당하면서 완전히 사라지게 되었죠.

3 알렉산드로스의
동서 융합 정책은 성공했을까?

판사   원고는 알렉산드로스의 동방 원정 때문에 결국 그리스가 망했다고 주장합니다. 그러나 역사가들은 비록 짧은 치세였으나 그의 업적으로 동서 문화가 융합하여 헬레니즘 시대가 열렸다고 하지요. 이런 상반된 시각에 대해 마지막으로 양측의 변론을 듣겠습니다. 우선 피고 측 변호사부터 변론하세요.

이대로 변호사   하늘이 영웅을 시기해서인지 알렉산드로스는 젊은 나이에 죽고 말았습니다. 하지만 그의 정신은 헛되지 않았지요. 알렉산드로스는 세계 제국을 건설하려고 했습니다. 인종을 넘어 세상 모든 시민을 그의 통치 아래에 묶는 세계 제국 말입니다. 그러나 결코 그리스 인이 그 제국의 주인 노릇을 해야 한다고 생각하지는 않았습니다. 그보다는 여러 문화와 다양한 민족의 색깔이 존중되는 나라를 목표로 삼았지요.

김딴지 변호사 　그렇다면 그리스의 문화는 존중되었을까요? 오히려 그리스 인은 동방의 습속에 물들어 고상한 정신을 잃어버렸습니다. 정신이 쇠약해진 그리스는 서서히 몰락했습니다. 그리고 동부 지중해는 역사의 중심을 지금껏 찾지 못하고 있습니다.

이대로 변호사 　답답합니다. 사실 알렉산드로스가 동방에 머무르는 동안 그리스 도시국가들은 경제적인 우위를 이용해 유리한 지위를 누릴 수 있었습니다. ▶또한 곳곳에 세워진 도시, 알렉산드리아만 하더라도 그리스 인이 경제와 문화를 주도하였습니다. 이곳에 사는 사람들은 사회의 상류층을 이루었지요. 원래 그리스는 경작지가 부족하여 늘 인구 과잉에 시달렸는데, 알렉산드로스 덕에 영토가 넓어지자 어디라도 그리스 인이 이주할 수 있었지요. 문화적인 면에서는 그리스 어가 공용어로 사용되면서 그리스식 문화가 도시의 삶을 주도했습니다. 그리스식 문화의 특징이 가장 잘 나타난 사례는 젊은이들이 몸을 단련하는 운동장인 김나시온의 출현입니다. 김나시온은 다른 문화권의 시민들이 함께 어울리는 화합의 장이 되었지요. 이처럼 알렉산드로스의 동방 원정은 그리스에 축복이었습니다. 그런데 왜 자꾸 딴죽을 거는지 모르겠군요.

김딴지 변호사 　영혼이 없는 육체는 시체에 불과하지요. 그리스 문화가 확산되었다고 말씀했나요? 오히려 그리스와 마케도니아 출신의 귀족들이 동방 문화의 매력에 빠져들어 그리스의 전통적인 종교는 거들떠보지도 않게 되었

교과서에는

▶ 알렉산드로스는 각지에 도시 '알렉산드리아'를 세워 이곳에 그리스 인을 이주시켰습니다.

습니다. 겉으로 보면 그리스는 번성하는 듯했으나 속으로는 곪고 있었어요.

이대로 변호사　그리스가 멸망한 것을 온통 알렉산드로스의 탓으로만 돌리는 것은 억지입니다. ▶알렉산드로스의 정신을 구현한 시대를 일컬어 헬레니즘이라고 부르지 않습니까? 헬레니즘의 의의는 역사적으로 상당하지요. 일반적으로 헬레니즘이란 '그리스풍의'란 의미입니다. 알렉산드로스 대왕은 비록 요절했지만 그리스 문화가 오

간다라 미술의 영향을 받은 인도의 불상

리엔트로 퍼져 나가 그 지역의 문화와 융합되어 헬레니즘 문화를 형성했지요.

판사 구체적인 예를 하나 들어 주시겠습니까?

이대로 변호사 그 일례가 서북 인도의 불교문화와 결합하여 만들어진 간다라 미술입니다. 그리스, 이집트, 메소포타미아 지역에서 수학, 물리학, 천문학, 공학, 의학을 비롯한 여러 분야에서 놀랄 만한 진보가 이루어진 것은 헬레니즘 시대에 국제적인 문화 교류가 밑받침된 덕분입니다. 게다가 헬레니즘 시대는 그리스 문화를 후세에 전하는 역할을 했다는 의미에서도 중요하지요. 말이 나온 김에 더 하

교과서에는

▶ 헬레니즘 시대의 미술은 그리스 시대의 이상적인 미보다는 현실적인 미를 추구했습니다. 이러한 헬레니즘 미술은 간다라 미술과 나아가서 중국과 우리나라의 미술에도 영향을 미쳤지요. 이때는 수학, 의학, 물리학 등의 자연 과학도 발달하여 아르키메데스, 유클리드와 같은 유명한 과학자도 많이 나타났습니다.

겠습니다. 다른 나라를 정복하는 것도 중요하지만 정복 사업으로 얻은 거대한 땅덩어리를 잘 경영하는 것도 중요합니다. 알렉산드로스는 차별 없는 세계 제국이라는 원대한 이상을 갖고 있었기에, 초반에 가졌던 거추장스러운 그리스 우월주의의 한계를 벗어났습니다. 알렉산드로스는 발칸 반도라는 좁은 지역의 군왕이 아니라, 정녕 제국의 황제였습니다. ▶그는 정복 후 제국을 잘 유지하는 법을 터득했습니다. 정복한 지역이 그의 명령을 잘 따르고 조공을 잘 바치면, 현지의 법률, 종교, 문화에 개입하지 않았지요. 또한 현지인들의 관습을 존중했습니다.

김딴지 변호사   아닙니다. 알렉산드로스는 권력의 화신이었습니다. 그러기에 원고를 포함한 대다수 그리스 인에게 증오의 대상이 된 것입니다.

이대로 변호사   알렉산드로스는 데모스테네스 등 그리스 인을 별로 신뢰하지 않았습니다. 세계는 변하고 있는데 그리스 인의 패쇄적인 정치 이념이 변하지 않는 것을 답답하게 생각했지요. 동방 원정이 계속되면서 알렉산드로스는 '군사력을 어떻게 보충할까'를 늘 고민했습니다. 마케도니아 인은 그 수가 적어서 다른 민족이 필요했는데, 알렉산드로스는 페르시아 인이 군사로서 적절하다고 판단했습니다. 그들은 전쟁에 익숙하고 강력한 통치력을 갖춘 호전적인 인종이었지요. 동방을 통치하면서 알렉산드로스는 페르시아 인의 행정 능력을 눈여겨보았습니다. 그래서 마케도니아 인과 페르시아 인을 제국의 가장 유능한 두 세력으로 규합하려 했지요. 알렉산드로스가 그리스 인과의 약속을 지키지 않았다는 원고 측 변호사의 주장은 제국을 다스리는 자의 고민을 모르고 하는 소리입니다. 앞으로도 이 시기는 그리스 문명과 동방의 문명이 만나 새로운 문명을 탄생시킨 위대한 시대로 기억될 것입니다.

김딴지 변호사　하지만 저는 알렉산드로스가 정말 '전 인류의 단합'이라는 고귀한 이상을 가진 존재였는지 의문이 듭니다. 그는 권력을 장악하면서 카멜레온 같은 모습을 보였습니다.

판사　중요한 사항이니 좀 더 자세히 설명해 주시지요.

김딴지 변호사　그리스 문명과 동방의 문명이 혼합되었다는 피고 측의 견해는 현실과 다릅니다. 알렉산드로스의 후계자들이 지배하는 동방 군주정에서는 여러 민족의 진정한 결합이 이루어지지 않았습니다. 물론 상당수 그리스 인과 그리스화된 인종이 그 지역의 상층 계급을 형성했지요. 하지만 그들은 절대다수의 원주민에 비하면 소수였고, 외부인이었습니다. 원주민은 고유의 생활을 계속했고 자신의 언어를 사용했으며, 그들 고유의 신을 믿었습니다. 그리스 문화가 그들의 중심에 접근할 수 없었다는 말이지요. 무엇보다 해당 지역의 왕들은 그리스 인들이 원주민들과 섞이는 것을 원치 않았지요.

이대로 변호사　아니, 완벽한 민족 융합이 가능한 사례가 역사에 어디 있단 말입니까? 후일 일본이 조선을 강점하면서 전대미문의 민족 말살 정책을 폈는데도 불구하고 결국 실패하지 않았습니까? 그리스 문명은 실제로 세계로 확산되었으며 고대 세계의 범위 내에서

르네상스
14~16세기에 이탈리아를 시작으로 유럽에 확대된 문화 운동입니다. 학문 또는 예술의 재생·부활이라는 의미를 가지고 있어요. 문학, 미술, 건축 등에 걸쳐 지금의 유럽 문화의 뿌리를 이루었습니다.

문명화된 도시 생활자들이 이를 향유했습니다. 도시는 포장된 도로와 광장, 상수와 배수 체계, 위생적인 시장, 잘 장식된 신전과 제단, 평의회와 민회 등 각 도시의 규모에 알맞은 시설을 갖추었습니다. 곳곳에서 발굴되는 고고학적 유물들이야말로 가장 강력한 증거물입니다.

판사   이대로 변호사, 변론이 길어지고 있습니다. 좀 간단히 설명하세요.

이대로 변호사   네, 알겠습니다. ▶서양인들이 입에 침이 마르도록 칭송하는 그리스의 창조적 특성은 마침내 알렉산드로스에 의해 지역적 한계를 벗어났습니다. 알렉산드리아나 아테네의 시인들은 이제 같은 도시의 시민만을 위해서가 아니라 그리스적인 생활을 하고, 말을 하고, 생각하는 지상의 모든 인간을 위해 작품을 썼습니다. 헬레니즘 문화는 이후 동방에도 큰 영향을 미쳤지요. 이는 로마 제국과 중세 초기의 사산 왕조 페르시아 문화와 북인도, 아르메니아, 그루지아, 아라비아 문화에까지 영향을 미쳤습니다. 더 나아가 르네상스를 거치면서 서유럽 문명에도 강력한 영향을 미쳤고, 오늘에 이르게 되었지요.

판사   알렉산드로스의 동서 융합 정책이 그 외에 더 있었습니까?

이대로 변호사   동서 융합 정책은 말씀드린 바와 같이 군대를 연합군으로 전환하는 것이었습니다. 이에 따라 여러 주들에 페르시아 인을 군사 총독으로 임명했고, 페르시아

교과서에는

▶ 알렉산드로스 제국, 헬레니즘 시대의 교양 계급은 여전히 그리스 어를 사용했습니다. 또한 그리스의 과학적인 업적은 헬레니즘 시대가 발전하는 토대가 되었지요.

공주 록사나와 결혼했으며, 마케도니아 병사들을 페르시아 여인과 혼인시킨 것입니다. 알렉산드로스의 이런 정책에 그의 스승인 아리스토텔레스도 영향을 끼쳤습니다.

판사 마지막으로 신청한 증인인 아리스토텔레스를 말하는 것이군요.

이대로 변호사 그렇습니다. 알렉산드로스는 아리스토텔레스로부터 신과 인간을 절대적으로 구분하지 않고 신적 화신(化身)을 인정하는 그리스 사상의 신비적인 측면에 깊은 영향을 받았습니다. 그 시대의 신은 제우스, 암몬, 아후라마즈다 혹은 여호와만을 말하지 않았습니다. 알렉산드로스가 신의 역할을 하기도 했지요. 도처에서 그에게 신성한 예를 표하는 것이 관례였습니다. 물론 그리스의 합리주의자와 회의론자들에게는 이것이 웃음거리가 되었지만요. 알렉산드로스에게 신이 되라고 촉구한 것은 그의 스승 아리스토텔레스였습니다. 재판장님, 여기서 위대한 스승 아리스토텔레스를 증인으로 모시고자 합니다.

판사 알겠습니다. 증인 아리스토텔레스는 증인석으로 나와 증인 선서를 해 주세요.

판사의 부름에 아리스토텔레스가 증인석으로 나와 선서를 했다. 이대로 변호사는 아리스토텔레스가 자리에 앉자 신문을 시작했다.

이대로 변호사 증인은 먼저 자기소개를 해 주세요.

아리스토텔레스   나는 마케도니아 출생이지만 아테네에서 성장했습니다. 플라톤의 제자로 소요학파라고 불리는 학파를 이끌었습니다. 나는 모든 분야를 두루 섭렵하여 박식하다는 소리를 자주 들었지요.

이대로 변호사   증인은 언제부터 피고 알렉산드로스를 가르쳤나요?

아리스토텔레스   기원전 343년부터 3년 동안 필리포스의 궁정에서 알렉산드로스를 지도했습니다.

이대로 변호사   인류의 위대한 스승인 증인은 알렉산드로스와 어떤 관계였나요?

아리스토텔레스   알렉산드로스는 원정 중에도 나에게 동식물 표본을 만들어 아테네로 부쳐 주곤 했지요. 내 전공이 동물학과 식물학이었거든요. 제자와의 관계는 그 정도가 아니었을까 싶은데……

이대로 변호사   굉장히 겸손하시군요. 당신의 『정치학』은 빼어난 저술로 손꼽히는데요. 증인의 정치학과 윤리학이 제자인 알렉산드로스에게 영향을 끼쳤을 것 같습니다.

아리스토텔레스   ▶알렉산드로스는 청년기에 호메로스의 『일리아드』에 매혹되었습니다. 하지만 나는 그 책이 알렉산드로스에게 실질적인 도움을 주지 않을 것 같아 탐탁지 않게 생각했지요. 그래도 워낙 흥미 있어 하기에 내가 주석을 단 『일리아드』를 건네주었습니다. 파피루스 두루마리였는데 원정 때 늘 가지고 다니더군요. 심지어 잠을 잘

때에도 단검과 함께 베개 밑에 두었다고 들었습니다.

이대로 변호사　피고가 세계 제국을 구상하는 데 증인이 절대적인 영향을 끼쳤다는 평가도 많던데요.

아리스토텔레스　158개의 그리스와 해외 도시국가의 통치 형태를 철저하게 연구한 결과이지요. 정복도 어렵지만 정복지를 잘 다스리는 것은 더 어렵습니다. 내 가르침은 알렉산드로스의 통치에 영향을 미쳤다기보다는 그가 전체적인 그림을 그리는 데 간접적으로 기여했겠지요.

이대로 변호사　　동방 정책의 핵심인 동서 융합을 위해 알렉산드로스는 왕인 자신을 신이라고 하여 갖은 오해를 불러일으켰는데요. 증인은 왕이 신이라고 말씀하셨습니까?

아리스토텔레스　　정확히 그렇게 말한 적은 없지요. 나는 "완전한 의미에서 왕인 자, 글자 그대로 완전한 왕은 인간들 사이에서 신과 같고, 그런 왕을 인간이 지배하고자 하는 것은 인간이 제우스를 제 마음대로 부리려 하는 것처럼 어리석은 일이다"라고 썼습니다. 나는 완전한 왕이 곧 신이라고 말하지는 않았지요. 행간의 의미를 잘 읽어야 합니다. 게다가 이런 왕은 어디까지나 이론적인 존재이지 현실에서는 찾아볼 수 없지요.

이대로 변호사　　증인의 증언에 따르면 알렉산드로스는 동서 융합의 일환으로 자신을 신으로 내세웠던 것입니다. 동방을 통치하기 위해 동방의 습속을 따른 것은 아주 훌륭한 통치술로 보아야 하겠지요.

판사　　원고 측, 증인을 신문하겠습니까?

김딴지 변호사　　기원전 340년대 후반, 어린 알렉산드로스는 증인에게서 왕과 신에 대한 견해를 듣고, 글자 그대로 해석했을 것이 틀림없습니다. 증인에게 가르침을 받은 알렉산드로스는 여러 번 그와 관련한 문제를 일으켰는데요. 특히 기원전 324년에는 그리스 인에게 자신을 살아 있는 신으로 숭배하라고 지시했습니다. 증인은 이에 대해 어떻게 생각합니까?

아리스토텔레스　　잘 기억나지 않습니다만, 알렉산드로스와 자주 내 스승인 플라톤의 철인(哲人) 정치에 대해 질문을 주고받으며 대화를 나눴지요. 나는 아테네의 분쟁 상황을 보면서 민주 정치가 타락하면 어리석은 대중이 좌지우지하는 중우 정치가 될 수 있다고 늘 경고했 지요. 누구나 참여하는 직접 민주정은 굉장히 멋있는 말이지만, 이 것을 달성하기 위해서는 권리와 의무를 다하는 진정한 시민이 필요 합니다. 그런데 아테네는 권리를 주장하는 시민만 넘쳐나고, 의무는 사라져 어리석은 대중의 본원지가 되고 말았습니다. 그래서 나는 민 주 정치를 별로 좋아하지 않습니다. 스승께서는 불완전한 인간 세상 에는 현자 혹은 철인이 하는 정치가 적합하다고 말씀하셨는데 아마 알렉산드로스의 동방 정책은 이를 염두에 두었던 것 같습니다.

김딴지 변호사 ▶피고는 자신을 신으로 숭배하기를 요구하는 무례 를 저질렀습니다. 피고가 그리스의 전통을 훼손하고 스스로를 신격 화한 증거는 아주 많습니다. 알렉산드로스가 살아 있을 때 주조된 은화에는 알렉산드로스가 암몬, 즉 숫양의 머리를 한 태양 신으로 묘사됩니다. 그리스 인은 이를 보고 매우 분노했지 요. 아시다시피 그리스는 인간을 신으로 숭배하는 것에 대 해 거부감을 갖고 있습니다. 그런데 알렉산드로스의 행동 은 그리스의 정신을 역행하는 것이지요. 앞서 부친 필리포 스 때도 비슷한 사건이 있었어요. 기원전 336년에 아이가 이에서 열린 딸의 결혼식 때 필리포스가 자신의 입상을 들 고 행진하라고 지시한 것이지요. 그리고 그때 필리포스는 암살됐습니다. 그리스 인은 이를 두고 필리포스가 신을 모 독했기 때문에 천벌을 받았다고 말하기도 했지요. 이 모든 것을 볼 때 알렉산드로스 부자는 그리스와 상관없다는 것이 증명되지 않았나요? 대의는 무슨…….

판사 어허, 김딴지 변호사, 또 감정적인 말을 하는군요. 이제 재판을 마무리할 때가 다가옵니다. 그럼 이제 알렉산드로스가 죽자 그리스가 어떻게 변했는지를 정리해 봅시다.

김딴지 변호사 좋습니다. 알렉산드로스가 사망하자 아테네 인은 데모스테네스를 망명지에서 즉각 불러들였습니다. 그리고 벌금을 낼 돈을 제공해 주었지요.

이대로 변호사 어리석게도 아테네 시민을 비롯한 그리스 인은 자신들의 처지를 잘 몰랐습니다. 알렉산드로스의 후계자인 안티파트로스가 다스리는 마케도니아는 그리스 인을 무력으로 진압했습니다. 알렉산드로스가 죽은 이후 제국은 결코 통일을 유지할 수 없었고 결국 세 개의 나라로 쪼개졌습니다. 알렉산드로스가 일찍 죽지만 않았더라도…….

판사 원고 데모스테네스는 어떻게 되었습니까?

김딴지 변호사 원고와 몇몇 웅변가들은 다시 아테네에서 도망치는 처지가 되었지요. 그가 없는 사이 옛 친구 데마데스가 아테네 인을 설득해 원고에게 사형 선고를 내리게 했습니다. 원고는 안티파트로스의 부하들을 피해 다니다가 결국 독약을 마시고 자살로 생을 마감했습니다. 오랜 세월 국가를 위해 봉사했으나 변덕스러운 아테네 시민에게 버림받아 죽은 그의 생애는 아테네 민주주의가 그만큼 쇠퇴했다는 것을 뜻합니다. 역사란 참 미묘한 것이지요. 변덕스런 아테

왜 알렉산드로스는 동방 원정을 떠났을까?

내 비록 이렇게 생을 마감하지만 아테네를 위해 살았던 내 삶은 영광스러울 것이다.

네 인은 후일 그를 기리기 위해 황동상(黃銅像)을 세웠다고 합니다. 그다음 세기에 알렉산드리아 도서관의 학자들은 그의 연설 중 유명한 작품들의 필사본을 편집했습니다. 데모스테네스의 인간성이나 업적에 관한 해석은 조금씩 다르지만 어쨌든 그는 시대를 막론하고 세계적으로 가장 위대한 웅변 정치가로 평가받았지요.

판사 이제 마무리해 주시지요.

김딴지 변호사 네, 존경하는 재판장님, 그리고 배심원 여러분. 알렉산드로스의 명성은 세계 모든 사람이 인정합니다. 저도 거기에 대해서는 조금도 이의를 제기할 생각이 없습니다. 하지만 그는 결코 그리스를 위해 동방 원정을 떠난 것이 아닙니다. 데모스테네스는 이 사실을 간파했기 때문에 알렉산드로스를 반대한 것이고요. 아테네의 패망에 알렉산드로스는 책임을 져야 합니다.

배심원들이 동요하는 것을 보고, 당황한 이대로 변호사가 한참을 생각하다가 일어나 말했다.

이대로 변호사   존경하는 재판장님, 알렉산드로스에게 그리스 패망의 책임을 묻는 것은 억지입니다. 이번 재판에서 알렉산드로스의 해명으로 모든 것이 명명백백히 밝혀졌습니다. 알렉산드로스가 동방 원정을 떠난 것은 부왕의 유지를 계승하여 범그리스 복수전을 달성하고, 동서를 융합하기 위해서였습니다. 데모스테네스가 알렉산드로스를 반대한 것은 대의를 제대로 이해하지 못했기 때문이지요.

판사   자, 양측에서 할 이야기는 충분히 다 한 것 같습니다. 오늘 재판은 동방 원정과 동방 정책의 성격 및 그 성과를 중심으로 이뤄졌습니다. 본 판사와 배심원은 양측의 주장을 충분히 고려해 판결을 내리겠습니다. 자, 오늘은 시간이 다 되었으므로 재판을 이만 정리하는 것이 좋겠습니다. 잠시 후에 원고와 피고의 최후 진술을 듣지요.

헬레니즘 문화

인간의 고통을 표현한 헬레니즘의
대표 작품, 라오콘

헬레니즘은 알렉산드로스 대왕이 동방
원정을 떠난 이후, 그리스와 동양이 서로
영향을 끼치며 생긴 문화입니다. 헬레니즘
문화는 세계 시민주의와 개인주의의 경향
이 강했으며, 이러한 경향을 잘 나타내는
철학이 발달했습니다. 뿐만 아니라, 수학,
의학, 물리학 등의 자연 과학도 발달해 아
르키메데스, 유클리드와 같은 유명한 수학
자들도 나왔지요. 미술에서도 그리스 시대
의 이상적인 아름다움보다는 현실적인 미를 추구했습니다. 그리스 시대에 조
화와 균형의 아름다움이 강조된 것에 비해 인간 육체의 아름다움과 감정의 기
복이 솔직하게 표현된 것이지요.

이러한 헬레니즘 문화는 인도의 간다라 지방에도 영향을 미쳐 독특한 간다
라 미술을 발전시켰는데요. 사람들은 간다라 지역에 들어온 그리스 인이 '신
을 조각하는 것'을 보고 불상을 만들었습니다. 간다라 불상은 고수머리가 아
니고 물결 모양의 장발이며, 눈 언저리가 깊고 콧대가 우뚝한 것이 마치 서양
사람 같습니다. 또 얼굴의 생김새가 인간적이고 개성적이며, 그 모양이 자연
스러운 점을 특징으로 들 수 있습니다. 즉, 간다라 불상은 그리스풍의 자연주
의 및 현실주의에 바탕을 두고 있습니다.

다알지 기자

　　재판 마지막 날인 오늘, 알렉산드로스 대왕이 시행한 동방 원정의 여러 가지 정책과 이것이 그리스 세계에 미친 영향에 대해 들어 보았습니다. 피고 측은 알렉산드로스 대왕이 동서 문화를 융합하여 헬레니즘 시대를 열었다고 주장했습니다. 반면 원고 측은 알렉산드로스 대왕이 오히려 아테네의 고유문화를 파괴했다고 반박했지요. 재판 내내 양측의 의견이 좁혀지지 않았는데요. 마지막으로 양측 변호인을 불러 보도록 하지요.

이대로 변호사

　알렉산드로스 대왕은 기원전 334년, 동방 원
정을 떠난 지 10년 만에 유럽과 아시아, 아프리카
에 걸친 대제국을 세웠습니다. 그리고 강력한 통치권을
지니면서도 피정복민의 전통이나 관습을 존중했습니다. 그 예로 각지
에 '알렉산드리아'를 건설하고 그리스 인과 페르시아 인을 결혼시켰지
요. 비록 그는 페르시아 제국을 무너뜨리고 서른세 살의 젊은 나이로
요절했지만, 그의 동방 원정으로 그리스 문화는 동양 문화와 교류하면
서 헬레니즘 문화를 꽃피운 것입니다.

김딴지 변호사

'그리스를 위한 복수전'이라는 거짓된 목적을 내걸고 단행한 동방 원정으로 인해 그리스의 고상한 문화와 정신은 산산조각 났습니다. 그리고 정신이 쇠약해진 그리스는 서서히 몰락해 갔습니다. 끝없는 전쟁으로 불쌍한 병사들은 지쳐 갔지요. 알렉산드로스가 죽자, 제국은 곧 셋으로 분열되어 기원전 2세기 무렵에 로마 제국에 정복당했지요. 알렉산드로스의 업적은 무고한 사람들의 피로 얼룩진 반쪽짜리 승리일 뿐입니다. 그는 헬레니즘 문화를 연 영웅이기 이전에 정복자라는 것을 다시 한 번 말하고 싶습니다.

왜 알렉산드로스는 동방 원정을 떠났을까?

 그리스의 자유와 평화는
소중한 것이오
vs
동서양이 어우러지는 세계를
꿈꾼 것 뿐이라오

판사 이제 재판을 마무리할 때가 왔군요. 배심원단 역시 마음을 결정해야 할 시간이 되었습니다. 마지막으로 당사자들의 목소리를 들어 볼까요? 원고와 피고는 신중하고 주의 깊게 말해 주시기 바랍니다. 그럼, 원고부터 말씀하세요.

데모스테네스 존경하는 재판장님, 그리고 배심원 여러분, 나는 참으로 비통한 심정으로 이 자리에 섰습니다. 알렉산드로스가 정말 뛰어난 인물인 것은 틀림없습니다. 그러나 끊이지 않는 전쟁을 통해 평화를 얻는다는 것은 결국 꿈이었습니다. 결국 그도 인간다운 삶과 평화를 누리지 못한 채, 젊은 나이에 죽고 말았지요. 나는 일관되게 전쟁이 아닌 그리스의 자유와 평화를 주장했습니다. 아테네의 민주주의보다 직접적인 민주주의는 한 번도 존재한 적이 없습니다. 아테네의 민주주의처럼 시민이 정치적인 결정에 참여한 사례는 없지요. 여러 시민이 모여 의사를 결정하는 민회는 인간이 생각할 수 있는 거의 모든 덕목인 이성, 안목, 자의식, 겸손, 협동 정신, 책임감 등이 살아 숨 쉬는 인간상의 정수였습니다. 알렉산드로스의 동방 원정으로 아테네의 직접 민주주의는 살아남지 못했습니다. 큰 야망, 큰 제국은 견제와 균형을 그나마 유지해 오던 도시국가들을 패망시킨 것입니다. 나의 잘못이라면 큰 권력 앞에 무릎 꿇지 않았던 것뿐입니다. 존경하는 재판장님, 그리고 배심원 여러분, 이제 나의 억울함을 조금이라도 풀어 주셨으면 고맙겠습니다. 위대한 아테네 만세! 그리스의 자유 만만세!

판사 자자, 원고 여기는 선동하는 곳이 아니에요. 마지막까지 그러는군요. 자, 자중하시고 이제 피고가 최후 진술을 하세요.

알렉산드로스 재판장님, 그리고 배심원 여러분, 분명히 말하지만 나에게는 꿈이 있었습니다. 나는 그리스 인, 마케도니아 인, 페르시아 인이 궁중이든, 시장이든, 학교든 함께 생활하는 모습을 그렸습니다. 재임 시절 정복한 영토에서 마케도니아 인, 그리스 인, 페르시아 인으로 구성된 행정 조직을 만들어 제국을 다스리려고 시도했지요. 나의 대의를 이해 못 하는 사람들이 참 답답합니다. 대의를 위해서는 약간의 희생이 따르는 법 아니겠습니까? 데모스테네스의 최후 진술을 듣고 있자니 아직도 그는 그리스만이 우월하다는 생각을 깨지 못한 것 같습니다. 정말로 안타까운 일이지요. 나의 사후에 확고한 평화가 오지 못한 것이 사뭇 아쉽습니다. 내가 마련한 그 터를 좀

더 다질 기회가 주어졌더라면, 내가 좀 더 오래 살았더라면……. 배심원 여러분께서 올바른 평가를 내려 주시기 바랍니다. 이상입니다.

판사 자, 3차 재판까지 관련된 모든 분들의 증언을 잘 들었습니다. 배심원 여러분들도 수고 많으셨습니다. 지금까지 3차에 걸쳐 원고와 피고, 증인들의 진술을 충분히 들었으니, 이를 참고하여 배심원 여러분 각자 판단해 보기를 바랍니다. 그럼 나는 4주 후에 배심원의 평결서를 참고하여 최종 판결을 내리겠습니다. 그럼 이상, 재판을 마칩니다.

　땅, 땅, 땅!

역사공화국 세계사법정 재판 번호 09 데모스테네스 vs 알렉산드로스

주문

역사공화국 세계사법정은 데모스테네스가 알렉산드로스를 상대로 제기한 명예 훼손에 의한 정신적 손해 배상 청구를 기각한다.

판결 이유

데모스테네스는 알렉산드로스의 동방 원정을 일관되게 반대했다. 그러나 원고 데모스테네스의 주장처럼 피고 알렉산드로스의 범그리스 복수전이 허울이라고 보기는 어렵다. 또한 재판에 나온 증거와 증언, 변론을 종합해 볼 때 데모스테네스의 주장처럼 알렉산드로스의 동방 원정이 그리스를 패망시킨 것이라고 보기도 어렵다고 판단된다. 그가 이룬 세계 제국은 사라졌지만, 제국의 영광은 오랫동안 남아 그리스 문화가 새롭게 피어나는 디딤돌이 되었다. 피고 알렉산드로스가 활동한 시기는 고작 13년이었다. 따라서 피고 알렉산드로스가 그리스의 운명을 쥐락펴락했다고 보기는 어렵다. 또한 데모스테네스를 비난한 것은 피고 알렉산드로스가 아니라 원고를 질시했던 아테네 시민이다. 따라서 알렉산드로스가 데모스테네스의 명예를 훼손했다고 보기 어렵다는 것이 본 법정의 판단이다.

비록 본 법정에서 원고 데모스테네스의 고소를 기각하는 판결을 내렸으나, 돈 때문에 자신의 명예를 더럽힌 자, 편협한 그리스 애국주의자라고 비난을 받아 온 데모스테네스의 억울함도 이해가 가는 바이다. 힘과 권세 앞에 무릎 꿇지 않고, 당당히 인간의 자유와 존엄을 이야기할 수 있는 자가 적은 이 시대에 그의 모습은 귀감이 된다. 하지만 원고 데모스테네스는 자기만의 시각에 빠져 그리스 인의 우월성에 집착하지는 않았는지 한 번쯤 돌아보기를 바란다. 원고는 인종을 초월한 세계에 대한 꿈을 꾼 피고의 관점에서도 세계와 역사를 바라보아야 할 것이다.

역사공화국 세계사법정 담당 판사 명판결

"인류가 서로의 이웃으로
평화롭게 사는 날은 언제쯤 찾아올까?"

힘겨운 재판을 마치고 사무실 소파에 앉아 있는 김딴지 변호사. 재판을 준비하느라 읽었던 자료들은 책상 위 여기저기에 흩어져 있고 김딴지 변호사는 녹초가 된 듯 멍하니 창밖을 내다보았다. 을씨년스런 바람 한 줄기가 가로수를 스쳐 가자 낙엽이 거리에 흩날렸다.

"지난 재판은 참 힘들었지. 내가 꼭 이겨 42.195km를 완주한 마라톤 평원의 자유의 전사처럼 데모스테네스에게 승리의 소식을 전했어야 했는데, 그 점이 안타깝군."

재판을 승리로 이끌지 못해 아쉬움이 남긴 했지만 그 누구도 쉽게 맞설 수 없었던 강적 알렉산드로스를 상대로 치열한 설전을 벌였던 자신이 한편으로는 대견스럽기도 했다.

김딴지 변호사는 다시 이런저런 생각에 빠져들었다.

왜 알렉산드로스는 동방 원정을 떠났을까?

누구도 따르지 못할 용기와 폭넓은 지식을 갖추고 있던 알렉산드로스는 서른셋이라는 길지 않은 삶을 살았지만, 끝없는 정복 전쟁을 펼치면서 대제국을 건설하였다. 알렉산드로스는 동방 원정을 통해 '한 사람의 위대한 영웅 아래 수많은 종족과 인종이 다툼 없이 사는 사회'를 꿈꾸었다. 이것은 그의 꿈이자 이상이었으며 역사는 이를 '헬레니즘'이라 불렀다. 물론 동방 원정이라는 험난한 여정에 알렉산드로스의 개인적인 야망이 숨어 있지 않았다고는 말할 수 없다. 하지만 이러한 의욕 또한 그의 스승인 아리스토텔레스를 통해 배웠던 플라톤의 철인 정치를 구현해 보려는 의지로 해석될 수도 있다.

그는 새로이 정복한 지역 가운데 문화와 교역의 길목이 될 만한 요충지마다 알렉산드리아라는 도시를 세웠다. 그리스 인, 페르시아 인은 새롭게 짜여진 세계 지도를 따라 새로운 도시의 시민이 되었다. 동방에 정착한 그리스 인과 마케도니아 인은 서로 협력하면서 사회의 상류층을 이루었다. 곳곳에 세워진 젊은이들이 몸을 단련하는 김나시온은 다른 문화권의 시민들이 함께 어울리는 화합의 장이 되었다. 그 누구도 시도한 적이 없던 이 모든 일을 이룩한 그는 분명 영웅임에 틀림없었다.

하지만 김딴지 변호사는 그의 원대한 야망으로 인해 고통에 빠진 사람들을 모른척 할 수 없었다. 전쟁이 낳은 셀 수조차 없는 수많은 전사자, 부상자, 그리고 고아와 미망인들, 그들의 삶은 알렉산드로스가 꿈꾸던 '평화로운 제국'으로 인해 깡그리 부서지고 말았다.

생각이 이에 미치자, 김딴지 변호사는 데모스테네스의 변론을 맡기로 했던 자신의 결정이 틀리지 않았다는 생각에 어깨가 으쓱해졌다.

"암, 나는 약자와 정의의 편이지."

김딴지 변호사는 자신의 뜻을 굽히지 않고 알렉산드로스를 법정에 불러들인 원고 데모스테네스의 용기에 새삼 감탄스런 마음이 들었다. 데모스테네스는 자유로운 그리스를 꿈꾸었다. '한 사람의 자유민이 정치에 직접 참여하는 민주주의 사회, 정책에 따른 공과에 대한 책임을 져야 하는 사회, 이에 따라 자신의 권리를 신중하게 행사하는 사회, 그러므로 생각하는 시민으로 길러지지 않을 수 없는 사회'를 말이다. 데모스테네는 그리스를 이러한 사회로 만들기 위해 자신의 생을 내던진 인물이었다.

그런데 갑자기 이러한 생각을 뒤로하고 한 가지 의문스러운 점이 김딴지 변호사의 머리에 번쩍 하고 떠올랐다.

'하지만 자유가 무슨 소용이란 말인가? 자유를 지켜 낼 힘이 없다면 말이다. 따지고 보면 위대한 아테네 민주 정치도 아테네가 페르시아 전쟁에 승리했기에 가능하지 않았던가? 자유에는 희생이 따르게 마련이다. 냉혹한 국제 관계 속에서 자신만 고고하게 산다고 해도 무슨 소용이 있단 말인가?'

이런 생각 끝에 김딴지 변호사는 지상 세계의 소식을 담은 '지상 뉴스'로 눈길을 옮겼다. 거기에는 파키스탄에서 벌어지는 테러와 아프리카 지역에서 기아에 고통받고 있는 아이들의 사진이 겹쳐져 있었다.

"언제쯤 인류 모두가 이웃이 되어 더불어 살 수 있는 세상이 올까?"

알렉산드로스의 도시, 알렉산드리아

　알렉산드로스는 정복을 하며 영토를 넓혀나갔어요. 그리고 자신의 제국에서 자신의 이름을 붙인 '알렉산드리아'라는 도시를 만들었답니다. 이중 가장 유명한 것이 이집트에 있는 알렉산드리아예요.

　기원전 331년 알렉산드로스는 이집트의 나일 강 하구에 알렉산드리아를 건설했어요. 이 도시는 이후 프톨레마이오스가 다스리는 이집트의 수도가 되었고, 알렉산드리아 중 가장 번영을 누렸답니다. 뿐만 아니라 이 도시는 지중해 동부와 서부를 이어주는 상업과 행정 중심지 구실을 하던 도시로, 지금도 남아 있는 곳이기도 하지요.

　도시계획에 따라 만들어진 이집트의 알렉산드리아는 왕궁, 세라피스 신전, 파로스 섬의 등대 등이 있었답니다. 특히 파로스 섬에 있어 '파로스의 등대'로 알려진 이 등대는 세계 최초의 등대이기도 하지요. 높이가 135m에 달하고 등대 안쪽으로 나선 모양의 통로가 있었다고 전해지는 이 등대는 안타깝게도 오래 전 지진으로 무너져 지금은 볼 수 없답니다.

　그리고 알렉산드리아에는 왕실의 후원을 받는 도서관도 있어 문화와 예술의 중심지 역할을 했다고 알려져 있어요. 고대 도서관에는 여러 분야의 많은 책들이 보관되어 있었으나, 지금은 없어졌답니다. 하지만 고대 알렉산드리아 도서관을 기리는 의미로 2002년에 새롭게 도서관이 개관을 하기도 했지요. 도서관의 외벽에는 여러 언어의 글자들이 새긴 석판이 모자이크처럼 장식되어 있답니다.

찾아가기 이집트 북부 알렉산드리아주

알렉산드리아의 야경

알렉산드리아 도서관

『역사공화국 세계사법정 09 왜 알렉산드로스는 동방 원정을 떠났을 까?』와 관련한 논술 문제를 풀어봅시다.

※ 다음 제시문을 읽고 물음에 답하시오.

(가) "나는 속 좁게 사람들을 그리스
인과 야만인으로 나누지 않는다."

(나) "내가 알렉산드로스가 아니라면
디오게네스가 되었을 텐데……."
(햇볕을 가리니 비켜달라는 디오
게네스를 보며)

알렉산드로스의 출생지로 마케도
니아의 도시인 펠라

(다) "내가 죽어서 땅에 묻을 때, 손을 밖으로 꺼내 사람들이 볼 수
있도록 해 주오. 천하를 손에 쥔 자도 죽을 때는 빈손이라는 것
을 알려주고 싶소."

1. (가)~(다)는 알렉산드로스가 남긴 명언입니다. (가)~(다) 중 가장 알
렉산드로스다운 명언은 어떤 것인지 그 이유와 함께 쓰세요.

※ 다음 제시문을 읽고 물음에 답하시오.

(가) 헬레니즘 문화를 만들다: 그리스 문화를 좋아했던 알렉산드로스
가 원정을 떠나 동양의 여러 나라를 정복하게 되지요. 그러면서
동양의 문물과 그리스 문화가 만나 새로운 문화가 등장하게 되
었답니다. 이것이 바로 '헬레니즘 문화'이지요.

(나) 알렉산드리아를 만들다: 알렉산드로스는 자신이 원정한 지역에
자신의 이름을 붙인 도시를 만들었어요. 당시에는 수십 개의 알
렉산드리아가 있었지요. 알렉산드로스는 이 도시에 그리스인을
이주시키고 그리스 언어와 문화를 널리 퍼뜨렸어요.

(다) 교역의 길을 뚫다: 알렉산드로스의 동방 원정 이후 그리스 상인

들은 인도양을 진출하고, 이후 로마는 유라시아의 여러 민족과

문물을 교류하였어요.

2. (가)~(다)는 알렉산드로스가 남긴 업적입니다. (가)~(다) 중 가장 위
대한 업적은 무엇인지 그 이유와 함께 쓰세요.

왜 알렉산드로스는 동방 원정을 떠났을까?

해답 1 작은 마케도니아에서 태어났지만 동방 원정으로 큰 제국을 건설한 알렉산드로스는 융합 정책을 중요하게 생각했어요. 그래서 페르시아 제국을 정복한 뒤에는 스스로 페르시아의 옷을 입고 그들의 관습을 따랐지요. 페르시아 여성과 결혼하고 다른 민족이라고 선을 긋지 않았답니다. 이런 그이기에 가상 알렉산드로스다운 명언은 (가)의 "나는 속 좁게 사람들을 그리스인과 야만인으로 나누지 않는다."라고 생각합니다.

해답 2 알렉산드로스는 동방 원정을 통해 동양과 서양을 연결해 주는 역할을 했고 서로의 문화가 섞이는 계기를 만들어 주었어요. 자신의 이름을 딴 도시를 만들어 그리스 언어와 문화를 널리 퍼뜨린 것도 그가 남긴 업적이고, 교역의 길을 뚫은 것도 훌륭한 업적이에요. 하지만 그 중에서도 가장 위대한 업적은 그리스 문화와 오리엔트 문화가 섞인 헬레니즘 문화를 만들어낸 것이라고 생각합니다. 헬레니즘 문화는 로마 문화에도 영향을 주고, 중국의 남북조 문화, 한국의 삼국 문화, 일본의 아스카 문화에도 영향을 주었기 때문이지요.

* 해답은 예시로 제시된 내용입니다.

역사공화국 세계사법정 09

왜 알렉산드로스는 동방 원정을 떠났을까?

© 최재호, 2010

초   판 1쇄 발행일   2010년 9월 30일
개정판 1쇄 발행일   2015년 2월 23일
       6쇄 발행일   2023년 12월 1일

지은이   최재호
그린이   이일선
펴낸이   정은영

펴낸곳   (주)자음과모음
출판등록   2001년 11월 28일 제2001-000259호
주소   10881 경기도 파주시 회동길 325-20
전화   편집부 (02) 324-2347 경영지원부 (02) 325-6047
팩스   편집부 (02) 324-2348 경영지원부 (02) 2648-1311
이메일   jamoteen@jamobook.com

ISBN 978-89-544-2409-7 (44900)